LA TRAVERSÉE DU TEMPS

LA VIE DES HOMMES
**À TRAVERS
LES RÉVOLUTIONS INDUSTRIELLES**

LA TRAVERSÉE DU TEMPS

# LA VIE DES HOMMES
# À TRAVERS
# LES RÉVOLUTIONS INDUSTRIELLES

Andrea Dué

Delagrave

© Delagrave, Paris, 1998, pour l'édition française.
Texte français de Philippe Brochard et Brigitte Zaugg.

© 1998 Editoriale Jaca Book Spa, Milan.
Conception et réalisation : Andrea Dué.
Texte : Paolo Perulli.
Rédaction : Renzo Rossi.
Illustrations : Alessandro Baldanzi, Lorenzo Cecchi, Rosanna Rea,
Roberto Simoni, Donato Spedaliere, Ivan Stalio, Antonio Tucci.
Graphiques : Andrea Dué.
Photogravure : RAF Fotolito, Florence.
Impression et façonnage : G. Canale & C. Spa, Milan.

ISBN : 2-206-00938-2

Loi n° 49.956 du 16 juillet 1949 sur les publications destinées à la jeunesse.

Delagrave Édition
15, rue Soufflot
75254 Paris Cedex 05

La loi du 11 mars 1957 n'autorisant, aux termes des alinéas 2 et 3 de l'article 41, d'une part, que les « copies ou reproductions strictement réservées à l'usage privé du copiste et non destinées à une utilisation collective » et, d'autre part, que les analyses et les courtes citations dans un but d'exemple et d'illustration, « toute représentation ou reproduction intégrale ou partielle, faite sans le consentement de l'auteur ou de ses ayants droit ou ayants cause, est illicite » (alinéa 1$^{er}$ de l'article 40).
Cette représentation ou reproduction, par quelque procédé que ce soit, constituerait donc une contrefaçon sanctionnée par les articles 425 et suivants du Code pénal.

# Sommaire

1. La révolution industrielle
       I. Au temps des machines à vapeur — 8
       II. En Angleterre, pays vert et pays noir — 10

2. La conquête de l'Ouest
       I. Nouvelles terres et ruée vers l'Ouest américain — 12
       II. Le massacre des Indiens et l'esclavage des Noirs — 14
       III. Industrialisation et urbanisation — 16

3. Une planète d'acier : l'ère du chemin de fer — 18

4. Un paysage de fer, de verre et de ciment
       I. Métropoles et gratte-ciel — 20
       II. Un autre mode de vie — 22
       III. Nouvelles structures urbaines — 24

5. La domination de la planète
       I. Le colonialisme — 26
       II. L'émigration : un phénomène de masse — 28

6. Le temps des guerres mondiales
       I. Le monde du travail — 30
       II. Révolution russe et crise économique — 32
       III. Destructions et reconstruction — 34

7. L'énergie
       I. L'électricité — 36
       II. Le pétrole — 38
       III. De nouvelles sources — 40

Glossaire — 42
Index — 44

# 1. LA RÉVOLUTION INDUSTRIELLE

## I  Au temps des machines à vapeur

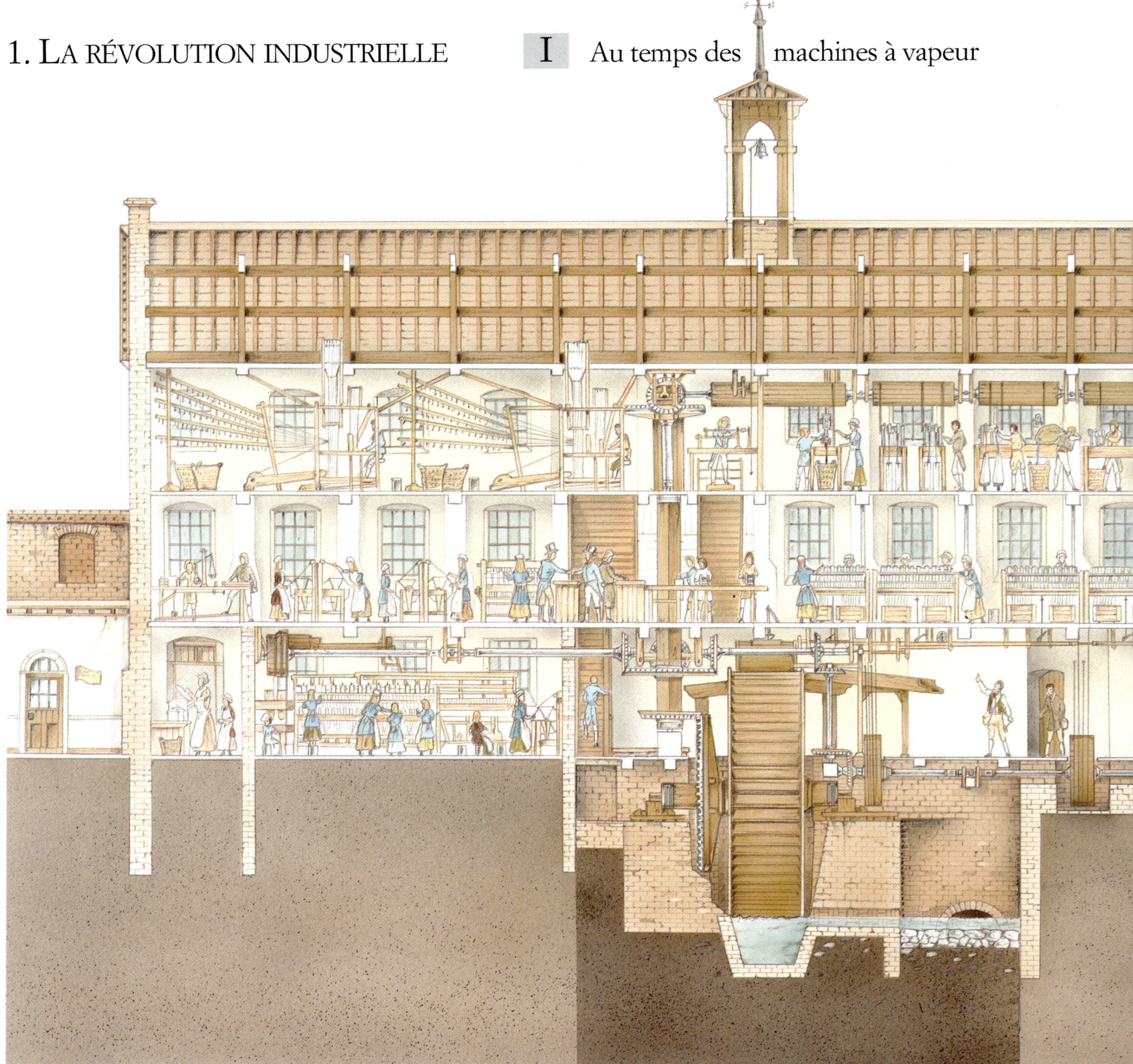

Avec la Révolution française de 1789, de nouvelles catégories sociales viennent au premier plan, qui seront les acteurs principaux de l'histoire et de l'économie du XIXe siècle : la bourgeoisie industrielle et le monde ouvrier. Ils étaient déjà présents dans la société préindustrielle mais, sous l'effet d'un développement rapide de l'économie, ils acquièrent désormais un poids prédominant. Alors naît un « ordre bourgeois » qui s'attache à moderniser la production sur de nouvelles bases : l'industrialisation.

Cette transformation de l'activité de production, généralement appelée « révolution industrielle », a pris son origine en Angleterre à la fin du XVIIIe siècle. Elle s'est répandue sur le continent européen dans la première moitié du siècle suivant. Elle génère de fortes mutations dans une société qui jusqu'alors tirait ses revenus de l'agriculture et du travail artisanal.

Dans les pays particulièrement impliqués dans la révolution industrielle (l'Angleterre, la France, l'Allemagne, les Pays-Bas et les États-Unis) le réseau des voies de communication s'accroît et favorise le commerce. Les liens entre les investisseurs et l'industrie accélèrent la croissance économique.

### Une révolution scientifique et technique

Le développement de la science et de ses applications technologiques est par ailleurs l'un des fondements essentiels de la révolution industrielle.

La machine à vapeur, construite par James Watt en 1769, représente certainement l'innovation la plus représentative de cette époque (même s'il ne faut pas oublier les progrès accomplis par la chimie, la métallurgie et la mécanique). La machine à vapeur est devenue rapidement le principal fournisseur d'énergie dans les secteurs clés de l'industrie (exploitations minières, usines textiles, industries métallurgiques). Elle trouve aussi très vite une application dans la traction des véhicules.

L'utilisation de la force motrice de la vapeur donne, par contrecoup, une forte poussée à l'exploitation d'une qualité de charbon qui sert de combustible aux machines à vapeur : l'anthracite. Avec l'exploitation plus intensive des gisements houillers, les mines atteignent de grandes profondeurs. Le paysage et l'air des régions minières souffrent de la pollution causée par la poussière de charbon.

*À gauche :* coupe d'une usine textile à Bedworth, dans les Midlands (Angleterre), vers 1800.

*Ci-dessous :* la « Rocket » (en français, « fusée »), une des premières locomotives à vapeur construite par l'ingénieur anglais George Stephenson en 1829. L'invention de la locomotive à vapeur est l'œuvre d'un autre Anglais, Richard Trevithick. Dès 1804, il a mis au point une machine capable de tirer des charges importantes, mais trop lourde pour avancer sur des rails. Les autres constructeurs, comme Stephenson, profitent de ses expériences. La locomotive est la clé du développement des chemins de fer. Ce nouveau genre de transport, bien adapté à l'ère industrielle, permet des déplacements plus rapides pour les marchandises, même de poids important, et les personnes.

tante pour les activités liées au textile, est également employée pour raffiner le sucre de betterave, pour la vulcanisation du caoutchouc (ajout de soufre qui accroît sa résistance) et la production du gaz d'éclairage dont l'usage est inauguré à Londres en 1807.

**Une révolution agricole**

Les innovations technologiques et les grands investissements privés ou publics ne sont pas les seuls facteurs de la forte et rapide croissance industrielle. Il y a aussi cette grande masse de gens qui renoncent à cultiver la terre pour peupler les usines.
Durant le XVIIIe siècle, les campagnes ont subi, surtout en Angleterre et aux Pays-Bas, une réorganisation fondamentale. La terre n'est plus seulement un lieu de travail pour les familles paysannes, elle représente désormais de grandes propriétés ter-

La vapeur et la mécanisation modifient aussi en profondeur les structures de l'industrie textile. Auparavant, les tissus étaient fabriqués dans de petits ateliers ruraux, ou même sur des métiers à tisser individuels, installés à domicile. Avec la révolution industrielle, ces activités se concentrent dans les grandes filatures, qui emploient des centaines d'ouvriers. Le phénomène touche surtout le domaine du coton. Pour la laine, la soie et le lin, la production domestique et artisanale reste élevée.
L'industrie de l'acier est cependant celle qui enregistre le développement le plus significatif. Elle fournit l'industrie mécanique, les arsenaux, les usines qui fabriquent des structures en fer (ponts, armatures pour les bâtiments, etc.) et les locomotives. La métallurgie a pour conséquence rapide la formation de districts industriels, souvent entièrement contrôlés par une seule famille. Ces concentrations industrielles marquent de manière définitive le territoire, tandis que les fumées rejetées par les usines et les sédiments des résidus détériorent gravement l'environnement.
Les progrès des sciences, de 1750 à 1900 environ, donnent une grande impulsion à l'industrie chimique. La chimie, très impor-

riennes, destinées à la croissance de profits pour leurs propriétaires. Beaucoup de paysans, obligés de quitter les campagnes, partent à la ville et fournissent la main-d'œuvre nécessaire au développement industriel. Si la production agricole ne diminue pas (elle augmente même, dans de nombreux cas !), c'est grâce à l'introduction d'une technologie agronomique avancée, au développement des canaux pour l'irrigation et à la mécanisation croissante. Ainsi, on se met à construire des charrues toutes en fer et adaptables à la structure du sol, des machines capables d'ensemencer plusieurs sillons en même temps, des piocheuses mécaniques, des rouleaux en fer pour broyer les mottes, etc. La première moissonneuse mécanique fait son apparition en 1812, en Angleterre. En 1815, toujours en Angleterre, la première batteuse est mise au point. Les engrais chimiques, inventés par Justus von Liebig, vers 1840, représentent une autre contribution importante à l'augmentation de la productivité agricole.
Cependant, ces innovations ne concernent en premier lieu que les grandes exploitations capitalistes. Elles seules peuvent disposer des sommes d'argent nécessaires aux investissements.

# 1. LA RÉVOLUTION INDUSTRIELLE    II   En Angleterre, pays vert et pays noir

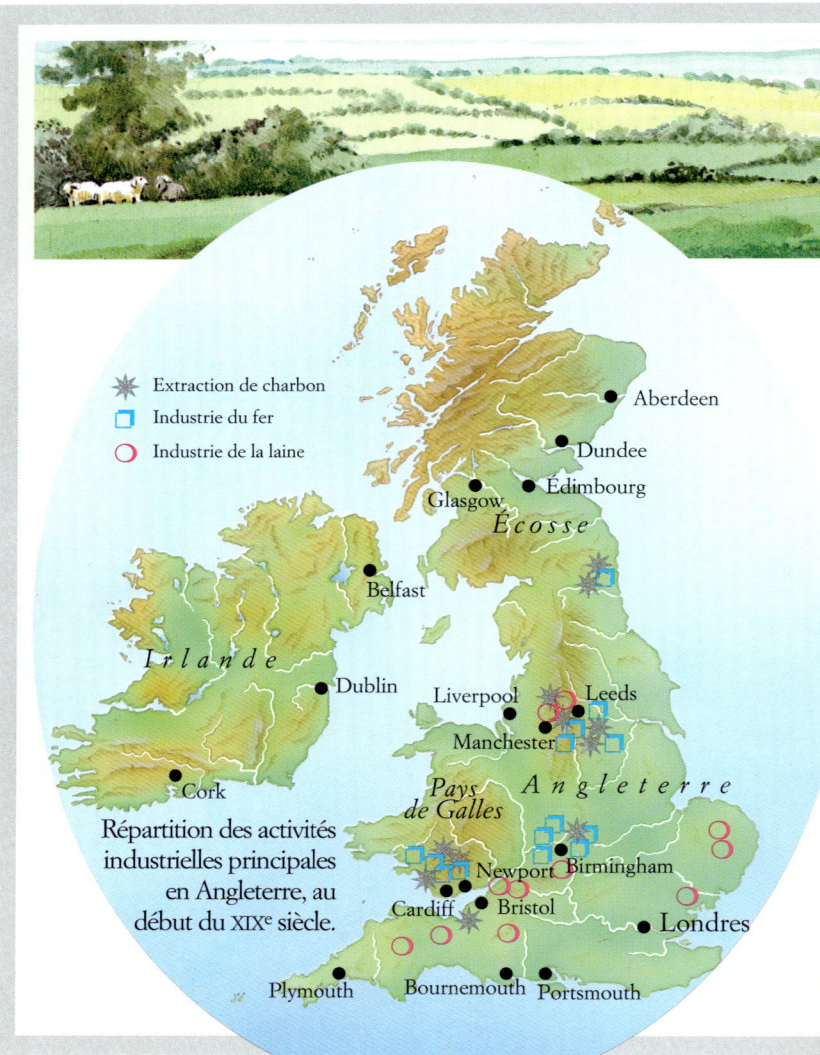

Répartition des activités industrielles principales en Angleterre, au début du XIXe siècle.

L'Angleterre est le pays d'Europe où la population urbaine croît le plus rapidement. Dans les premières décennies du XIXe siècle, 30% de la population vit dans des villes de plus de 10 000 habitants. Mais l'urbanisation de masse se produit surtout dans les grands centres manufacturiers comme Manchester, Birmingham, Liverpool, Glasgow. Londres devient la plus grande métropole du monde avec plus de 4 millions d'habitants.

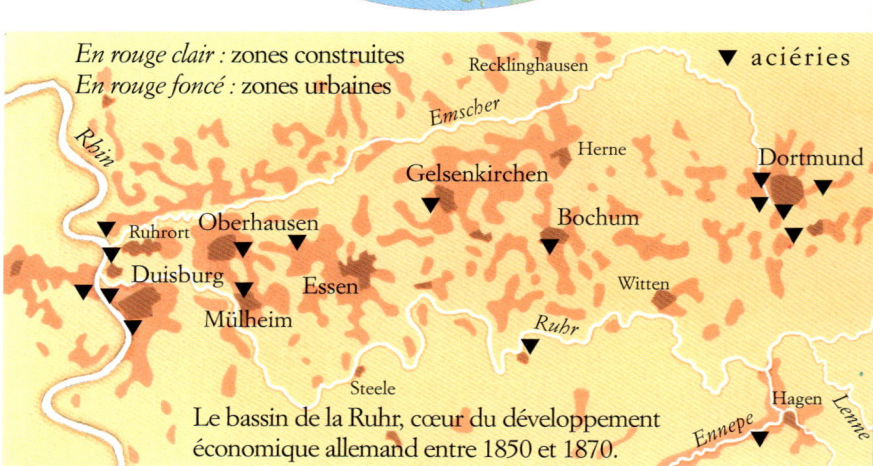

Le bassin de la Ruhr, cœur du développement économique allemand entre 1850 et 1870.

*En haut :* paysage anglais vers 1850.
Au cœur de prairies florissantes et des champs cultivés se dressent les premières cheminées des usines où l'on brûle le charbon, donnant naissance à deux paysages bien distincts : les « pays verts » et les « pays noirs ».
Les moutons mérinos, importés de la péninsule ibérique, fournissent une laine précieuse et abondante. De nouveau, comme au Moyen Âge, l'industrie textile est le moteur d'une prodigieuse croissance économique. Mais maintenant, au savoir-faire des artisans de la laine, se substituent les métiers à tisser mécaniques manœuvrés par une foule anonyme de femmes, d'hommes et souvent d'enfants. Sans instruction ni droits, déracinés de leur campagne, logés dans des dortoirs délabrés, nourris d'un trognon de pain et de quelques pommes de terre en échange de 12 à 14 heures de travail journalier, leurs pénibles conditions de vie font naître les premiers mouvements ouvriers.

*Ci-contre, à droite :* une rue dans une ville anglaise à la fin du XIXe siècle, cadre habituel des célèbres romans de Charles Dickens ou de Thomas Hardy. Dans l'Angleterre victorienne, à l'apogée de sa puissance coloniale, économique, commerciale et industrielle, la vie quotidienne offre un spectacle où cohabitent et se mêlent misère et richesse, prestige social et exclusion.

Jusqu'à la révolution industrielle, les villes étaient le produit de la société rurale. Elles représentaient un noyau de communications, un centre d'échanges, un lieu stratégique. Elles existaient parce que la campagne, qui était leur principale source de richesse, les nourrissait. Mais elles restaient un élément secondaire du paysage. Elles abritaient une minorité de la population qui vivait des excédents agricoles.

Avec la révolution industrielle, qui dote les villes de leurs propres moyens de production, capables de créer des richesses supérieures à l'agriculture, c'est également une révolution urbaine qui prend naissance. Les villes attirent la main-d'œuvre des campagnes. Et parallèlement, la technologie créée dans la ville retourne aux campagnes pour que la production agricole puisse croître malgré le départ des paysans.

# 2. LA CONQUÊTE DE L'OUEST  I  Nouvelles terres et ruée vers l'Ouest américain

**LA FRONTIÈRE**

En 1890, le gouvernement américain déclare que la frontière est définitivement abolie : « Jusqu'en 1880, les implantations dans notre pays se situaient le long d'une frontière. Aujourd'hui, les zones vierges sont tellement couvertes d'exploitations isolées que l'on ne peut plus dire qu'il existe une ligne de frontière. »

En 1893, à partir de cette note officielle, l'historien Frederic J. Turner publie un essai intitulé *La signification de la frontière dans l'histoire américaine*, qui trouve dans l'expansion vers l'ouest la source particulière de la civilisation des États-Unis. Cette dernière est caractérisée selon Turner par le fait que la frontière est située à la limite de terres libres, aux confins entre barbarie et civilisation, où le nouvel homme américain réalise le « destin manifeste » de se répandre sur le continent et de le posséder. Quand le pionnier traverse la frontière, il se régénère au contact de la nature non contaminée et de la nécessité de puiser dans ses seules ressources matérielles et spirituelles sa force de survie. L'homme de la frontière perdrait ainsi les vices propres au Vieux Monde. Le « vrai » Américain serait né dans l'exaltation de l'individualisme, nécessaire pour affronter l'hostilité d'un environnement sauvage et inconnu.

Les théories de Turner célèbrent le mythe des chances égales pour tous les hommes blancs. Mais elles justifient la violence physique et l'indifférence envers les modes de vie et la culture des Indiens. Cette idéologie rationalise l'agressivité et alimente, dans sa vulgarisation, la mythologie nationale et raciale du « Far West », si populaire dans la littérature et le cinéma du XXe siècle.

*En haut :* les nouveaux colons parvenus aux limites de la frontière ont la possibilité de « conquérir » leur lot de terre en participant à une course spectaculaire. Au coup de canon, les chariots contenant des familles entières, et des hommes à cheval, se lancent vers l'ouest, au galop, en dehors des pistes, pour pouvoir occuper les meilleurs terrains qui ont été délimités au préalable.

Dès la fin de la guerre d'Indépendance (1777 à 1783), les Européens s'installent en Amérique du Nord à un rythme rapide. À la fin du XVIIIe siècle, les prix de la terre dans les États du Sud ont monté tandis que dans le Nord, plus peuplé, la propriété terrienne est tellement fragmentée que la majeure partie des familles parvient à peine à y subsister. La perspective d'avoir des terres à bas prix convainc donc beaucoup de jeunes d'avancer vers l'Ouest, avec l'espoir d'y faire fortune, malgré les difficultés matérielles et économiques qu'il faudra affronter.

**Des immigrants venus d'Europe**

Les jeunes États-Unis d'Amérique connaissent leur première expansion durant les trois premières décennies du XIXe siècle, avec l'exploitation, le défrichage et le déboisement d'un territoire qui atteint le Mississippi. Ensuite, jusqu'à la guerre de Sécession (1861-1865), le recul de la « frontière » vers l'ouest se fait plus net. Elle englobe le territoire des futurs États du Michigan, Missouri, Alabama, Mississippi, Arkansas, Louisiane, Wisconsin, Minnesota, Iowa, Nebraska et Kansas.

La conquête de l'Ouest est alimentée par une poussée démographique exceptionnelle sur le vieux continent. Le flux migratoire déferle surtout de l'Allemagne et de l'Irlande.

D'autres facteurs donnent l'impulsion à la ruée vers l'Ouest. C'est par exemple l'amélioration des transports, d'abord avec la construction des canaux, puis des chemins de fer qui, à partir de 1840, se développent comme un système nerveux très dense dans le nord-est du pays. Ce sont aussi les efforts législatifs fédéraux pour réguler l'acquisition de terres domaniales, en particulier les « *Land Acts* » de 1820 et de 1841.

*(suite p. 16)*

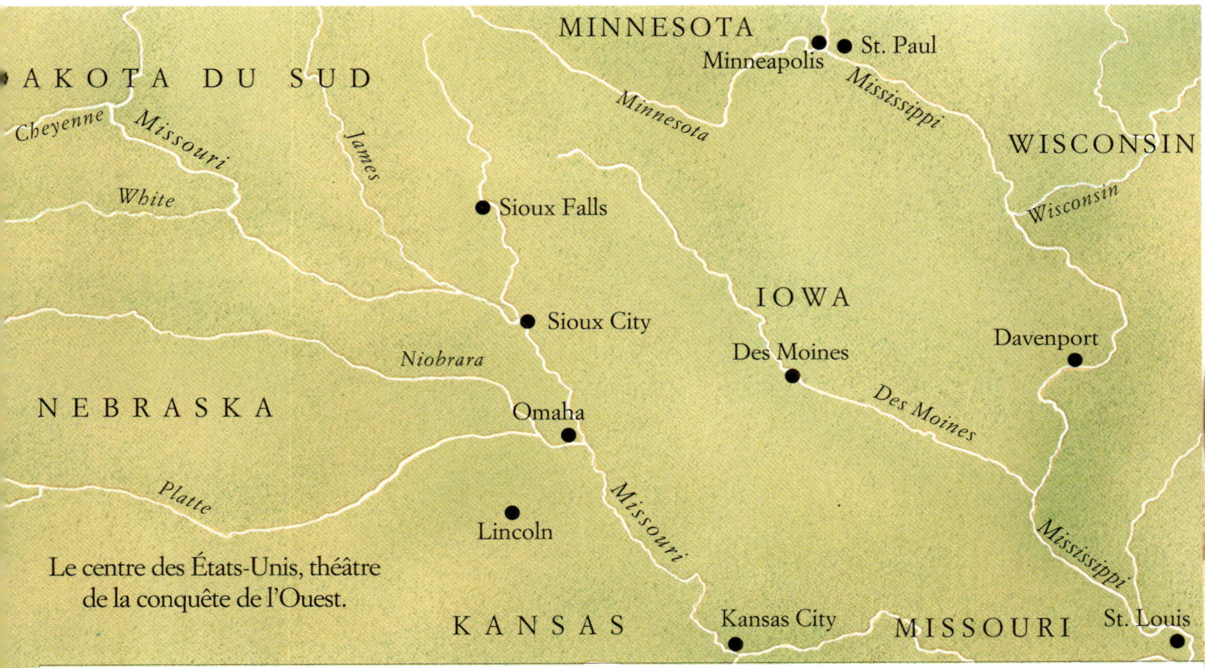

Le centre des États-Unis, théâtre de la conquête de l'Ouest.

*Ci-dessus :* un cheval et un revolver pour s'aventurer seul dans les plaines de l'Ouest. Affiche publicitaire de *Colt*, « l'arme de la loi et de l'ordre ».

*À gauche :* le long des pistes surgissent, presque par enchantement, les « villes-champignons ». Sur les deux côtés de l'unique route qui traverse ces villages, on trouve la boutique du maréchal-ferrant, le magasin, le relais de poste, le saloon, le bureau du shérif et la prison. Puis, apparaissent l'école, l'église et la banque.

# 2. LA CONQUÊTE DE L'OUEST  II  Le massacre des Indiens et l'esclavage des Noirs

### LA SÉGRÉGATION RACIALE

En 1860, il y a aux États-Unis 4 millions d'esclaves noirs et 500 000 personnes originaires d'Afrique mais de condition libre. La moitié vit dans les États du Sud. Mais que ce soit dans le Sud esclavagiste ou dans le Nord abolitionniste, ces Noirs « libres » vivent dans des conditions de marginalisation sociale et de ségrégation raciale graves. Ils n'ont le droit de vote que dans quatre États de la Nouvelle Angleterre. Au Massachusetts uniquement, leur témoignage est entendu dans des affaires où sont impliqués des Blancs.

Les Noirs libres ont des difficultés pour trouver un travail décent, surtout en raison de leur très faible niveau d'instruction, situation sans remède dans la mesure où presque tous les États les excluent de l'instruction publique. Ils ne peuvent pas rentrer dans l'armée, ni travailler pour la poste. L'acquisition de terres leur est également impossible et leur statut de citoyen inférieur est confirmé par l'impossibilité d'obtenir un passeport. Ce sont en fait des apatrides : en 1857, la Cour Suprême confirme qu'ils n'ont aucun droit à la citoyenneté américaine.

La victoire nordiste dans la guerre de Sécession, où combattent plus de 200 000 soldats noirs, abolit l'esclavage mais ne change rien au régime de la ségrégation raciale. À la fin des années 1860, les Noirs sont encore exclus du vote dans tous les États de l'Union, à l'exception du Maine, du New Hampshire, du Vermont, du Massachusetts, du Rhode Island et de l'Iowa.

Aujourd'hui, la ségrégation raciale reste un problème d'actualité aux États-Unis, notamment dans une ville comme Los Angeles.

### LES CHEROKEES

Beaucoup de défenseurs de la guerre contre les Indiens prétextent leur refus absolu de toute forme d'intégration. L'attitude des Cherokees de Georgie dément cette thèse et met en lumière la forte composante raciste qui anime l'attitude des Blancs.

Les Cherokees se sont donné une constitution, ils ont une langue écrite, ils pratiquent une agriculture florissante et l'élevage du bétail avec l'emploi d'esclaves, exactement comme les Blancs. Ils vont même jusqu'à publier leur journal. Tout cela n'empêche pas qu'on les traite comme les autres « peaux rouges » quand ils tentent de faire valoir leurs droits lors de conflits avec les chercheurs d'or qui ont envahi leurs terres. En 1836, le président Jackson accorde deux ans aux Cherokees pour évacuer ces riches territoires. 16 000 individus sont relégués dans une région pauvre et hostile. Plus de 4 000 d'entre eux mourront au long du « sentier des larmes » qui les mène vers leurs nouveaux domiciles.

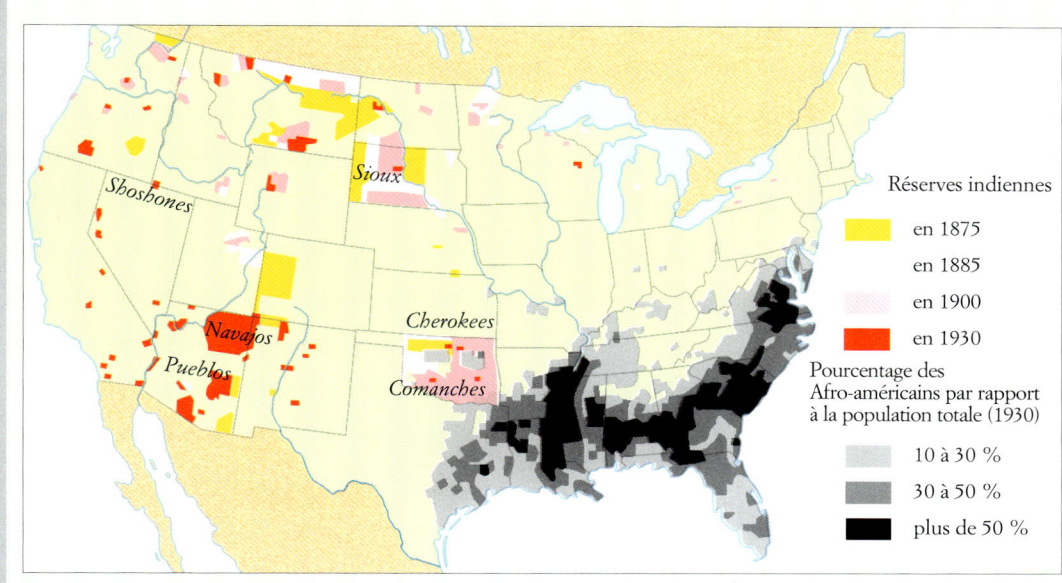

### La vie dans les réserves

La colonisation de l'Ouest expulse les populations indigènes des terres qu'elles ont habitées pendant des siècles, voire des millénaires. Elles ne sont pas en mesure de s'opposer au nombre croissant des envahisseurs. Les Indiens sont dépassés.

Décimés par l'alcool, les maladies et la sous-alimentation plus encore que par les massacres, ils deviennent de plus en plus dépendants de la société de « l'homme blanc » qui les relègue dans des « réserves ». En général, ce sont des terres arides et sans valeur, où les tribus doivent attendre, pour survivre, les envois périodiques d'aides gouvernementales (bétail et couvertures), souvent plus théoriques que réelles.

Aussi, de temps à autre, des groupes de guerriers se jettent dans une éphémère et inégale guérilla qui ne peut conduire qu'à d'autres bains de sang.

*En haut, à gauche :* une famille d'esclaves noirs dans un État du Sud livre à l'usine de son patron la récolte hebdomadaire de coton.

*En bas :* la vie dans un camp d'Indiens relégués dans les réserves.

### Les traités avec les Indiens

Le gouvernement des États-Unis poursuit la tradition juridique des Anglais et reconnaît aux peuples indiens la légitimité d'un État indépendant. Cette façon de faire reste en vigueur jusqu'en 1871. Cependant, dès le premier traité anglais de 1763, la tendance apparaît clairement de déplacer les Indiens à chaque fois que les Blancs avancent sur leur territoire.

La *Proclamation Line*, promulguée par la couronne britannique en 1763, reconnaît les indigènes comme des sujets, fixant une limite à l'implantation des Blancs. Le gouvernement des États-Unis, en 1788, affirme également que les Indiens ont les droits naturels des hommes. Dans le même esprit, le traité de Fort Wayne en 1809 confirme les droits des indigènes sur les territoires qui n'ont pas été cédés volontairement aux colons blancs.

Avec l'arrivée de Jackson à la présidence, des attitudes plus intransigeantes aboutissent à l'*Indian Removal Act*, approuvé en 1830 par le Congrès et financé avec 500 000 dollars : il précise que les Indiens qui ne se seront pas soumis aux lois de l'État dans lequel ils résident seront déportés au-delà du fleuve Mississippi. En 1835, 94 traités sont signés pour éloigner les indigènes des terres que les traités antérieurs leur avaient garanties.

## 2. LA CONQUÊTE DE L'OUEST   III   Industrialisation et urbanisation

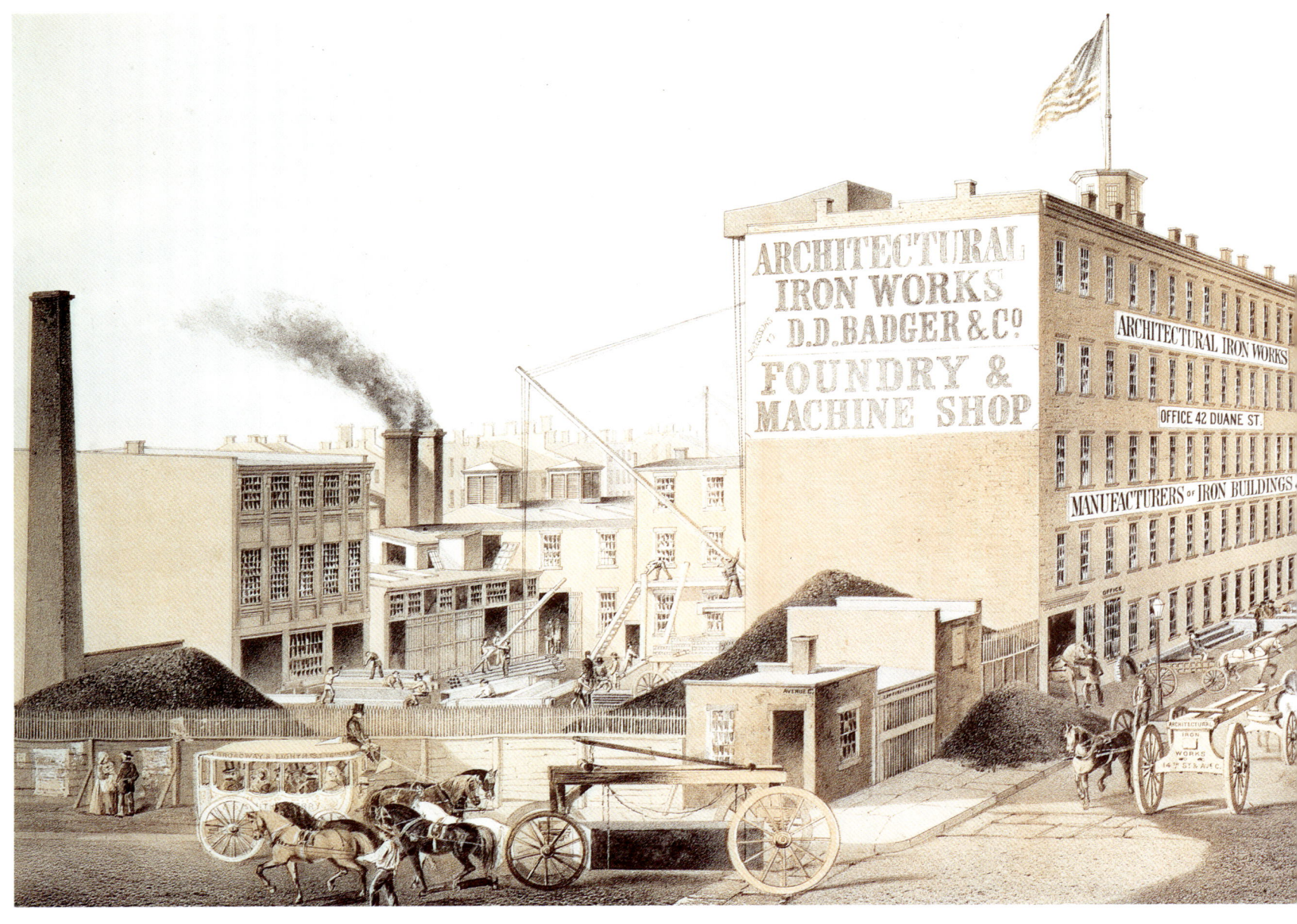

*(suite de la p. 12)*

Toute cette fièvre, ce grouillement d'activités sur les lieux de départ et d'arrivée des pistes carrossables, des chemins de fer, des ports fluviaux et maritimes, ont contribué à créer le mythe de l'Ouest. Chacun, même le plus pauvre, est censé pouvoir y faire fortune, pour peu qu'il fasse preuve d'initiative.

### Des « villes champignons »

En réalité, de solides groupes d'intérêts sont les plus grands bénéficiaires de cette situation. La plupart des nouveaux arrivants sont destinés à alimenter une classe de fermiers, dans les campagnes, ou d'ouvriers, dans les villes. Ces agglomérations se développent d'ailleurs à une vitesse impressionnante alors qu'elles étaient il y a peu de simples forts ou des relais commerciaux.

Cette urbanisation rapide de l'Ouest est restée très sous-estimée. En fait, seule une minorité de colons choisit de vivre dans la solitude des prairies, tandis que la population de villes comme Buffalo, Cleveland ou Detroit double entre 1830 et 1850. Chicago qui, en 1830, n'était qu'un petit poste commercial où vivaient 40 personnes, compte 60 000 habitants en 1855 et plus de 100 000 quinze ans plus tard !

Durant la même période, les territoires le long de la côte du Pacifique sont également colonisés. L'Oregon et la Californie du nord se peuplent. Dans un premier temps, il s'agit de chasseurs de peaux qui arrivent du territoire mexicain. Mais lorsque les castors sont pratiquement exterminés et que la mode en Europe change, ce sont des agriculteurs qui s'installent. Au milieu du siècle, des bandes d'aventuriers à la recherche d'or viennent grossir les rangs.

L'expansion coloniale arrive par vagues successives jusque dans les années 1860, au rythme des diverses dispositions gouvernementales qui libèrent de nouveaux territoires. Ainsi se forme une « frontière agricole », par le déboisement et le défrichement des forêts qui, de la Floride aux Grands Lacs, couvraient une grande partie du continent.

### Le drame des Indiens

Au début de la guerre de Sécession, le mouvement atteint les Grandes Plaines de l'ouest. Ces grandes prairies sans limites, arides, couvertes de buissons secs et d'herbes épaisses et dures sont en principe inadaptées à la culture et à l'élevage. Ici, c'est le domaine des troupeaux de bisons qui fournissent aux Indiens nourriture et autres produits vitaux. Ces terres sont donc généreusement laissées aux indigènes qui croient avoir sauvé un territoire pour eux, à l'ouest de l'Arkansas et du Missouri. Mais ce n'est qu'une illusion : en 1862, le président Lincoln (sans doute pour atténuer l'effet du décret d'abolition de l'esclavage) promulgue le *Homestead Act* par lequel le Trésor public cède à des prix ridiculement bas les territoires des Grandes Plaines.

Immédiatement après la guerre, les éleveurs et les spéculateurs s'y répandent. Les colons commencent à exterminer les bisons pour sauvegarder leurs champs et leurs pâtures. Les grandes compagnies ferroviaires, préoccupées par la sécurité du réseau qui

### LE DÉVELOPPEMENT ÉCONOMIQUE

La guerre de Sécession marque une ère nouvelle pour les États-Unis. Elle se manifeste par une très grande croissance de l'activité économique, le développement de la grande industrie, des investissements de capitaux de la part des banques, l'expansion du commerce extérieur. Elle engendre également une révolution agricole et crée des conditions favorables au développement des grandes villes.

L'expansion industrielle américaine repose sur huit éléments de base :
– des matières premières plus abondantes et variées que dans tout autre pays (sauf la Russie) ;
– des inventions et des techniques nouvelles ;
– des transports par voie d'eau ou par chemin de fer parfaitement adaptés ;
– une consommation intérieure en rapide expansion ;
– l'augmentation constante des exportations ;
– un flux continu de main-d'œuvre immigrée ;
– l'absence de barrières douanières intérieures ;
– un protectionnisme contre la concurrence de l'extérieur.

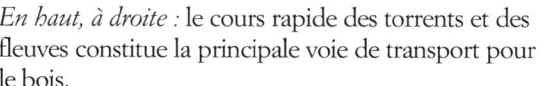
Les forêts américaines en :  1620  1850  1850 (forêts vierges éparpillées)  1990

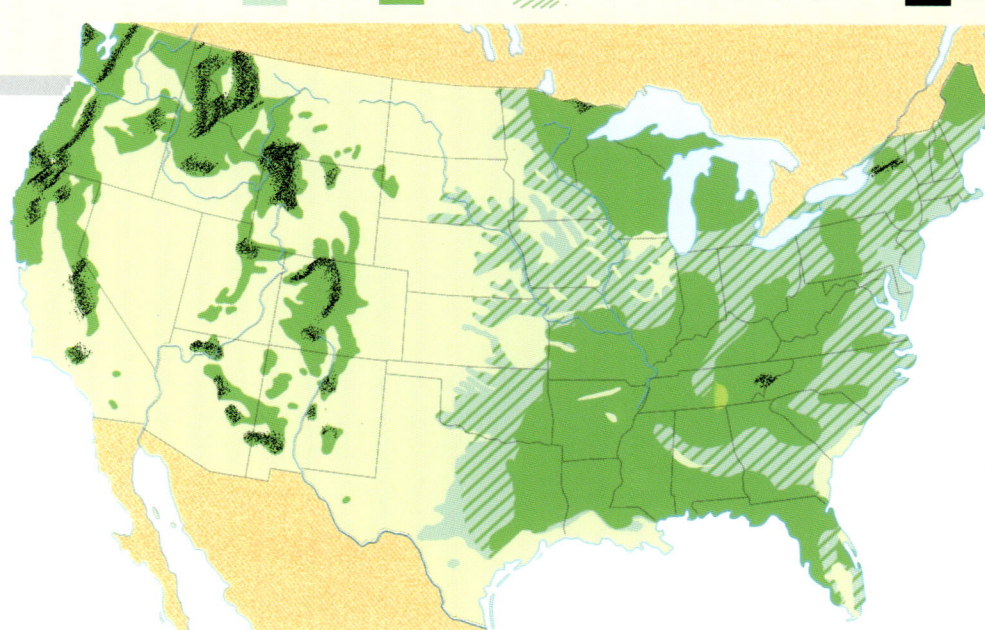

*En haut, à droite :* le cours rapide des torrents et des fleuves constitue la principale voie de transport pour le bois.

*À droite :* l'immense travail de déboisement contribue de manière décisive au développement des communications, des habitations rurales et à l'apparition des villes, mais il réduit de vastes zones à un état semi-désertique.

*En haut, à gauche :* une fonderie à New York.

connaît alors une grande extension, engagent des chasseurs professionnels. Mais le massacre systématique des bisons a aussi pour but de priver les Indiens de leur principal moyen de subsistance. On abat ainsi plus de 15 millions de têtes et, en 1880, il n'en reste plus que quelques milliers. C'est seulement grâce à l'ouverture du parc de Yellowstone, en 1872, que le bison américain sera sauvé. En 1868, la découverte de l'or dans les Collines Noires du Dakota met en mouvement la dernière grande vague de colonisation, dirigée vers les territoires du nord-ouest restés encore vierges. Malgré la résistance féroce des Indiens (Sioux, Cheyennes et Nez-percés) qui se voient relégués dans des réserves spéciales, les derniers territoires sont envahis. Le sol, le sous-sol et le manteau forestier sont exploités de façon si avide que la nature y est ravagée pour toujours.

L'histoire de la conquête de l'Ouest est aussi l'histoire de l'élimination progressive des peuples indigènes de l'Amérique du Nord. L'attitude des États-Unis à ce propos est équivoque : d'un côté, le gouvernement passe des accords avec des peuples dont il reconnaît l'autonomie, mais de l'autre, les « hommes de la frontière » font tout pour anéantir les Indiens qu'ils ne considèrent même pas comme des êtres humains. Ils se livrent à un véritable génocide (massacres de Sand Creek, de la Washita, de Camp Grant).

# 3. Une planète d'acier : l'ère du chemin de fer

Dès la fin du XVIIIe siècle, dans les bassins houillers de Grande-Bretagne, on transporte des charges lourdes sur des chariots et des wagonnets tirés par des animaux. Le « Blutcher » de l'Anglais Stephenson, en 1814, est la première locomotive à vapeur capable de remplacer convenablement la traction animale. Ce type de moyen de transport va se généraliser. Dans les vingt années qui suivent, les premières lignes ferroviaires apparaissent en Angleterre. C'est le début de l'ère du chemin de fer. Les actions des sociétés ferroviaires grimpent rapidement et la construction ininterrompue de nouvelles voies donne du travail à des centaines de milliers de personnes.

Le train se révèle être le complément idéal du trafic maritime, en reliant les ports à des zones jusqu'alors peu exploitées en raison des difficultés de transport. En Angleterre, comme dans le reste de l'Europe, il devient rapidement le principal moyen de transport pour les marchandises et les passagers.

La construction du réseau ferroviaire des États-Unis commence pratiquement en même temps qu'en Angleterre. Les Américains ont vite compris que ce nouveau moyen de transport faciliterait énormément la conquête de leur immense continent. Ils intensifient son usage pour les échanges entre des régions lointaines. On peut dire que les voies ferrées inaugurent une deuxième découverte de l'Amérique, en la traversant dans toutes les directions. En 1869, on inaugure la ligne reliant New York à San Francisco, couvrant ainsi la distance totale entre l'océan Atlantique et l'océan Pacifique.

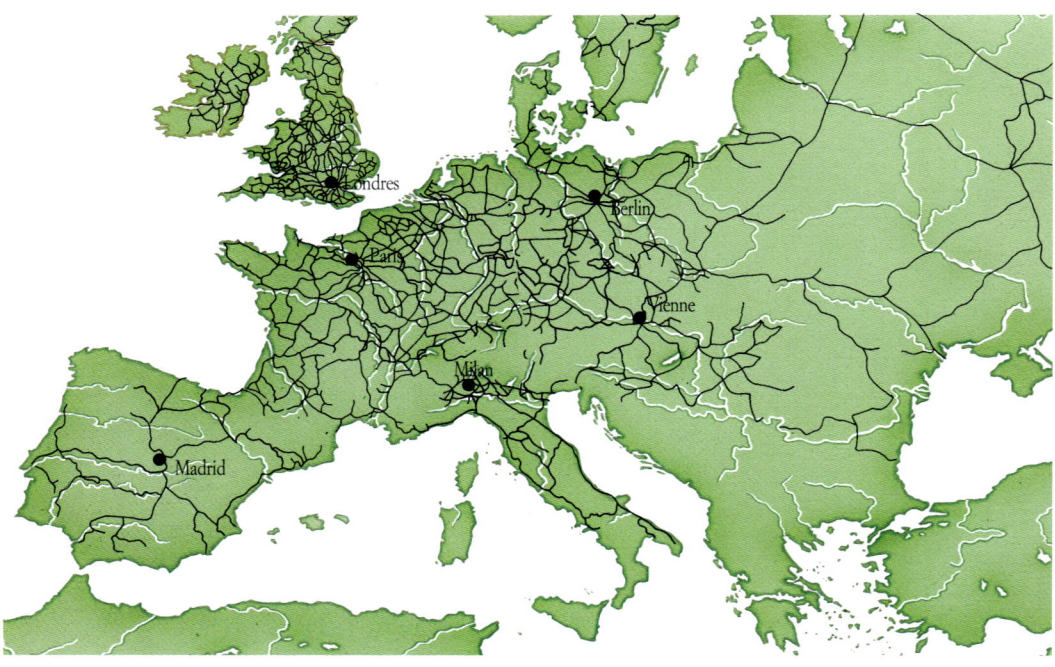

*Ci-dessus :* le développement du réseau ferroviaire européen au milieu du XIXe siècle.

*Ci-dessus, à droite :* voies, poteaux et câbles électriques d'un nœud ferroviaire moderne.

*Ci-contre, à gauche :* le réseau ferroviaire des États-Unis en 1860 (*en haut*) et en 1950 (*en bas*).

*Page 19 :* un troupeau de bovins traverse une voie ferrée dans l'Ouest des États-Unis au XIXe siècle.

### LE TÉLÉGRAPHE

Le télégraphe est un dispositif pour la transmission à distance de notes et de messages à l'aide de l'électricité. Si des appareils précurseurs du télégraphe sont expérimentés en Angleterre, il est inventé en 1844 par l'Américain Samuel Morse, également auteur de l'alphabet du même nom utilisé dans les transmissions.

Les premières lignes télégraphiques longent les chemins de fer : la possibilité de communiquer rapidement entre les stations donne plus de sécurité au nouveau moyen de transport. Dès 1846, les premières compagnies télégraphiques se créent indépendamment du chemin de fer. Elles appliquent des tarifs en rapport avec les distances à couvrir et desservent seulement les localités les plus rentables. Mais en Angleterre, en 1869, les postes britanniques acquièrent toutes les lignes télégraphiques du pays pour les gérer en service public.

C'est cependant l'Amérique qui perfectionne et étend le plus l'usage du télégraphe. En 1861, les subventions gouvernementales permettent d'installer une liaison télégraphique avec la côte du Pacifique. À cette date le réseau des lignes télégraphiques atteint 80 000 km.

Avec l'invention de câbles étanches, le télégraphe peut franchir les mers. En 1851, la première liaison entre Douvres et Calais est mise en service. La traversée de l'Atlantique est plus difficile, mais en 1866, on réussit à relier l'Europe et les États-Unis.

# 4. Un paysage de fer, de verre et de ciment   I   Métropoles et gratte-ciel

**La réorganisation urbaine de Paris durant le Second Empire**

Les lois sur l'expropriation de 1840 et les lois sanitaires de 1850 permettent au préfet de la Seine, le baron Eugène Haussmann, de réaliser un nouveau et imposant plan régulateur pour la ville de Paris. Ce plan tient compte des services de base d'une ville moderne : réseau de distribution de l'eau, systèmes d'égouts, implantation de becs à gaz, réseau de transport public avec des omnibus à chevaux. Mais il répond aussi aux exigences de l'ordre public : les barricades de juin 1848 ont tiré parti de l'archaïsme des ruelles médiévales du vieux Paris.

Le projet de Haussmann prévoit de percer de nouvelles voies. Dans le vieux Paris, circonscrit par la barrière de l'octroi (droit de péage) de 1785, 50 km de parcours tortueux sont remplacés par 95 km de boulevards qui, intégrés dans un ensemble cohérent, rejoignent la périphérie, maintenant desservie par 70 km de routes.

Dans le projet d'ensemble, hôpitaux, écoles, collèges, casernes, etc. prennent leur place. Les parcs publics sont développés et les grands poumons verts de l'agglomération voient le jour : Bois de Boulogne à l'ouest, Bois de Vincennes à l'est.

La structure administrative de la capitale est également transformée. On abolit la barrière de l'octroi, vieille de sept cents ans. Plusieurs communes périphériques sont incorporées à celle de Paris. La ville qui s'étend sur les 8 750 hectares contenus dans les fortifications extérieures est divisée en vingt quartiers, appelés arrondissements et dotés d'une certaine autonomie.

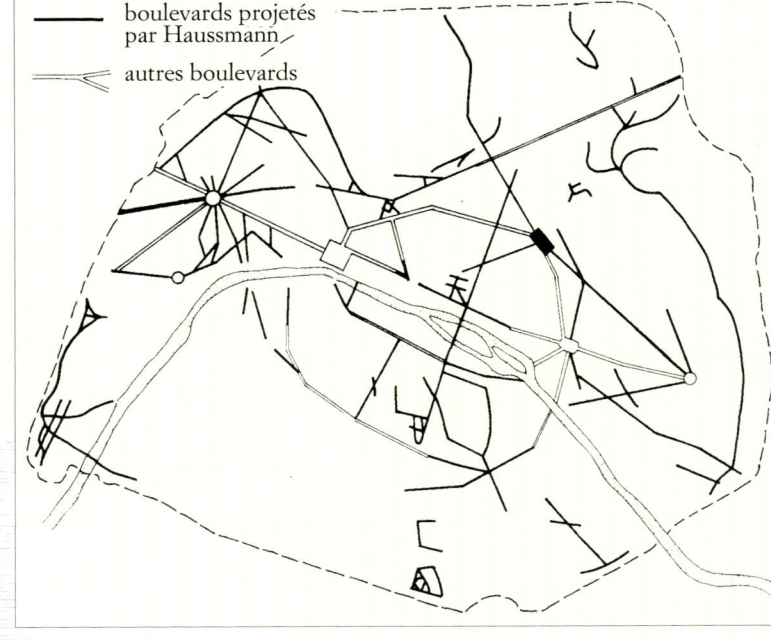

*Ci-dessus :* les principaux boulevards du centre de Paris.

*À gauche :* la tour Eiffel en construction. Dressée à Paris pour l'Exposition universelle de 1889 par l'ingénieur Gustave Eiffel, c'est la plus célèbre structure métallique à treillis porteur. Elle est le symbole du Paris moderne. Elle est également l'emblème le plus optimiste de la technologie industrielle triomphante.

*Page 21, en bas :* l'énorme développement de la conurbation entre Boston et Washington, entre 1830 et 1990.

La révolution industrielle bouleverse l'aspect de l'environnement qui résultait d'un certain équilibre entre la ville et le reste du territoire. Avec l'augmentation de la population due à l'abaissement du taux de mortalité, et grâce au progrès technologique et au développement économique, les biens et les services produits par l'agriculture et les activités du tertiaire sont toujours plus nombreux. La population se redistribue autrement, car beaucoup de paysans, devenus ouvriers, se déplacent vers les villes qui s'accroissent plus rapidement que le reste du pays.

**La révolution urbaine**

Les villes doivent faire face autant à l'augmentation naturelle de la population qu'au flux migratoire des campagnes. La rapidité avec laquelle la situation évolue (quelques dizaines d'années) ne permet pas de trouver un nouvel équilibre, ni aucun système durable. Un bâtiment n'est plus considéré comme un élément stable, mais comme un ouvrage qui pourra être remplacé, par la suite, par un autre avec des fonctions différentes.

La liberté d'initiative, exaltée par la révolution industrielle, s'applique aussi au domaine immobilier. Les classes dominantes exploitent à leur propre avantage le désordre urbain. Les encombrements de la circulation, l'insalubrité, la laideur rendent la vie intolérable aux classes subalternes mais menacent aussi, jusqu'à un certain point, l'environnement dans lequel vivent les classes plus aisées.

Dans la première moitié du XIXe siècle, les défauts des villes industrielles sont tellement nombreux et écrasants que même les représentants des classes dominantes se rallient aux radicaux et aux socialistes pour promouvoir de nouvelles formes d'urbanisme. Certains songent même à tout réinventer, avançant des propositions basées sur de pures théories.

**Des banlieues sans grâce**

Autour de l'ancien noyau, surgit alors une nouvelle ceinture, la banlieue. Dans cet espace moins contraignant, toutes sortes de constructions indépendantes s'enchevêtrent : quartiers luxueux,

*Ci-dessus :* construction d'un gratte-ciel.

*En haut, à droite :* Casa Batlló (1905 à 1907) à Barcelone, de Antonio Gaudí.

*À droite :* gratte-ciel de la place des Nations Unies (1969-1976 et 1979-1983) à New York, de Kevin Roche et de John Dinkeloo.

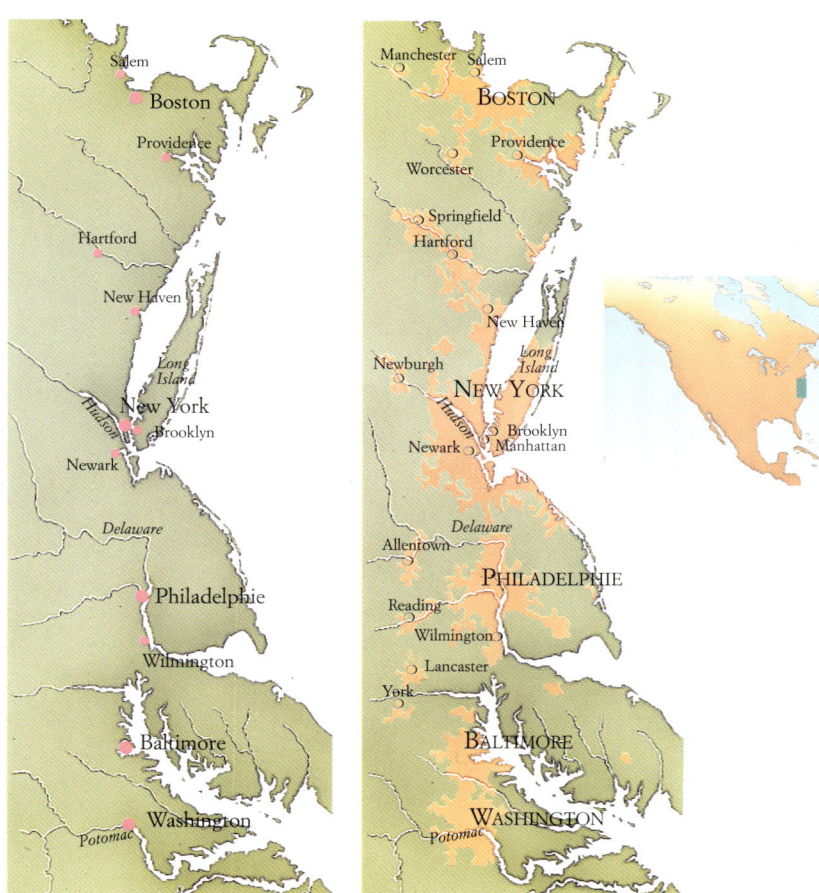

quartiers populaires, industries, entrepôts, équipements techniques et grands réseaux de communication (voies ferrées et, plus tard, autoroutes). Tous ces éléments fusionnent dans un tissu compact ni prévu, ni calculé. Il y a moins d'homogénéité sociale et architecturale que dans la vieille ville et les individus habitent les différents quartiers selon leur revenu : classe riche, moyenne et pauvre. Ils ne désirent pas s'intégrer dans la vraie ville et ne cherchent pas un environnement commun. Les quartiers pauvres se créent évidemment dans les zones les plus défavorisées, proches des usines et des chemins de fer, loin des zones de verdure. Les usines perturbent l'existence avec leurs fumées et leurs bruits, intoxiquent les cours d'eau et attirent le trafic lourd. Cet environnement chaotique est le résultat d'une multitude d'initiatives privées et publiques, ni régulées ni coordonnées par les administrateurs. Le principe de la liberté individuelle, basé sur le développement industriel, se révèle néfaste à l'évolution des villes.

*(suite p. 22)*

# 4. UN PAYSAGE DE FER, DE VERRE ET DE CIMENT  II  Un autre mode de vie

### LE CINÉMA
Cette affiche publicitaire des années 1940 montre assez bien l'atmosphère qui pouvait régner dans une salle cinématographique de l'époque, l'obscurité pleine de fumée qui s'élève dans le scintillement de l'écran.
Depuis le milieu du siècle, le cinéma est entré en force dans le panorama urbain. Objectif de millions de personnes issues de toutes les classes sociales, le cinéma devient le lieu privilégié pour vivre à bon marché ses rêves, ses illusions, ses espérances. Les films, diffusés dans le monde entier, contribuent à répandre des idées identiques.
Plus que le théâtre, l'opéra ou le café-concert, le cinéma inaugure l'ère de l'industrie du spectacle et des loisirs, qui évoluera encore avec la télévision. Il fait sortir les masses urbaines de leurs maisons en contribuant, avec son rythme, à celui frénétique de la ville contemporaine.

*(suite de la p. 21)*

Un nouveau modèle de ville s'affirme au milieu du XIXᵉ siècle. La liberté totale jusqu'alors accordée à l'initiative privée est progressivement limitée par l'intervention de l'administration qui exécute les travaux publics et exerce son contrôle sur les autres activités, en imposant des règles à respecter.

L'administration publique et les propriétaires privés s'accordent des compétences réciproques et en fixent le cadre. La première gère les domaines nécessaires au fonctionnement de l'ensemble : réseau de la circulation (rues, places, chemins de fer, etc.) et plan des implantations. Cette structure tient compte des services de base d'une ville moderne : réseau de distribution de l'eau, systèmes d'égouts, conduites à gaz, lignes téléphoniques, etc. Les propriétaires privés gèrent tout le reste du territoire urbain, en profitant des services qui desservent leur secteur. L'administration publique intervient seulement de façon indirecte sur leur jouissance, et cela par le biais de règlements qui limitent les dimensions et le nombre des bâtiments par rapport aux tailles et aux capacités des installations publiques.

### Organiser la ville
C'est le réseau routier qui forme désormais le dessin de la ville, en marquant la séparation entre les espaces publics et privés. Les édifices sont considérés comme des ouvrages interchangeables pouvant être démolis et reconstruits pour élargir les rues ou pour permettre d'ouvrir des places. On respecte cependant les monuments principaux, les églises, les ouvrages présentant un intérêt artistique et les bâtiments anciens qui donnent une qualité formelle au milieu citadin.

Dans ce sens, les transformations réalisées par le préfet Haussmann à Paris durant le Second Empire, entre 1851 et 1870, sont exemplaires. En dix ans, les expropriations permettent la réalisation d'un programme urbain cohérent.

Vers la fin du siècle, le modèle urbain européen s'imposera également en Amérique, où cependant la structure en damier des villes coloniales reste prédominante.

### Des villes tout en hauteur
La recherche d'un nouveau modèle de ville, en alternative au modèle traditionnel, s'oriente vers l'innovation et l'originalité pour réagir contre la laideur des constructions industrielles. Le nouveau processus pour la fabrication de l'acier, inventé par l'Anglais Henry Bessemer en 1856, permet non seulement de construire de nouvelles machines encore plus efficaces, mais également de dresser des structures grandioses, jusqu'alors inconnues. On voit alors apparaître d'énormes couvertures en fer et en verre, sans supports intermédiaires, comme la rotonde

*(suite p. 24)*

Le paysage urbain des métropoles européennes et nord-américaines entre le XIXe et le XXe siècle traduit la révolution industrielle. Les quartiers centraux sont illuminés par les becs de gaz, et plus tard par l'électricité. Ils sont sans cesse animés par le trafic incessant des chariots et des voitures à cheval, des omnibus et des premières voitures, par les enseignes voyantes des commerces et des magasins, par les publicités pour toutes sortes de produits, par la foule composée de la moyenne et de la petite bourgeoisie passant pour admirer et pour se faire admirer, par les crieurs de journaux, les marchandes de fleurs et les marchands ambulants, les musiques militaires, les restaurants et les cafés, les théâtres et les premiers cinématographes. Toute cette ambiance est au centre d'une multitude de romans, de peintures, d'illustrations et de films.

Dans les métropoles, les grandes allées d'arbres, appelées avenues ou boulevards et limitées par des quartiers et des lieux d'échange, jouent un rôle spécifique. Elles accueillent toutes les manifestations temporaires, les promenades saisonnières, les foires, les marchés, les manifestations, les défilés, les cérémonies publiques. Elles remplissent ainsi toutes les fonctions qui, à l'époque, étaient propres aux espaces polyvalents de la périphérie urbaine médiévale.

Les périphéries des grandes métropoles, bien souvent oubliées par l'éclairage public, sont formées d'espaces vides, d'usines et de quartiers dortoirs pour les classes ouvrières. Elles se trouvent hors du rayon d'action d'un simple piéton et entraînent le développement d'autres moyens de transport, publics ou privés.

*À droite :* Londres en hiver, Piccadilly Circus, affiche de Molly Moss (1950).

L'arrivée de l'automobile transforme l'aspect des villes européennes et nord-américaines. Destinée à devenir un bien de consommation de masse, elle modifie le mode de vie en ville aussi bien que les bruits et les odeurs des rues.

*Ci-contre :* une automobile allemande en 1913, la Stoewer.

# 4. Un paysage de fer, de verre et de ciment

## III Nouvelles structures urbaines

Cette coupe montre les principales structures d'un métro moderne.

*À gauche :* une affiche publicitaire pour le métro de Londres, datant du début du siècle.

quelques-uns des plus grands artistes de l'époque suivent des cours. Les étudiants y apprennent à projeter tout ce qui fait partie de l'habitat moderne, des meubles aux immeubles et aux quartiers. Mies van der Rohe (1886-1969) prend sa succession à la tête de ce « mouvement moderne », qualifié aussi d'« architecture internationale ». Le Corbusier (1887-1965) jette le projet de grands travaux, qui seront en partie réalisés par d'autres.

Les architectes et les urbanistes modernes analysent les fonctions auxquelles une ville doit répondre : l'habitation, le lieu de travail, les lieux de loisirs, la circulation.

*(suite de la p. 22)*

de 102 mètres de diamètre de l'Exposition universelle à Vienne (1873). On voit aussi s'élever des monuments audacieux, comme la tour de 300 mètres de haut construite par l'ingénieur Gustave Eiffel pour l'Exposition universelle de Paris en 1889, d'impressionnants ponts suspendus comme celui de Brooklyn long de 448 mètres en 1873, des gratte-ciel toujours plus hauts : les premiers, à Chicago, n'ont que 20 ou 30 étages, ceux de New York dépassent les 100 étages !

Les villes croissent à une vitesse vertigineuse. Londres atteint 4 millions d'habitants avant la fin du XIXe siècle. La circulation et les nouvelles implantations – le gaz, le courant électrique, le téléphone – doivent être comprimées dans des espaces publics dorénavant insuffisants. Les édifices se développent donc forcément en hauteur, tandis que les transports de surface sont doublés par d'autres réseaux en sous-sol (le métro).

**Une nouvelle façon de penser la ville**

La gestion urbaine traditionnelle n'est plus à la hauteur des nouvelles exigences. Les maîtres de l'architecture moderne tentent de répondre au besoin de renouveler le milieu citadin. Walter Gropius (1883-1969) dirige de 1919 à 1928 une école spéciale en Allemagne, le Bauhaus, où

Ils privilégient la résidence où les gens passent la plus grande partie de leur temps, sans cependant la séparer des services qui sont son prolongement. L'élément de base est donc le logement (et non le bâtiment) qui devient le point de départ pour réorganiser la ville selon les besoins de ceux qui y vivent.

**La ville « idéale »**

On n'accorde plus aux activités de production une fonction prééminente tandis que de grands espaces répartis dans la ville sont alloués aux activités récréatives (parcs et jardins). La circulation traditionnelle est sélectionnée selon les divers moyens de transport, par ordre d'importance. La « rue couloir », avec les passages pour les piétons et les voies où sont mélangés tous les types de véhicules, doit être remplacée par un système de parcours séparés (piétons, bicyclettes, véhicules lents, véhicules rapides). Les habitations et les services en relation avec ces dernières (écoles, hôpitaux, commerces, salles de spectacle) forment un quartier, c'est-à-dire l'unité de base de la ville moderne.

Ces résultats de la recherche architecturale moderne sont en partie admis. Mais la vie économique est pragmatique : la prédominance des fonctions du tertiaire (commerces et bureaux) est maintenue, au détriment des habitations. Pourtant, elle représente la première cause de l'augmentation de la densité des constructions au centre, de la congestion de la circulation et de la pollution qui s'en suit.

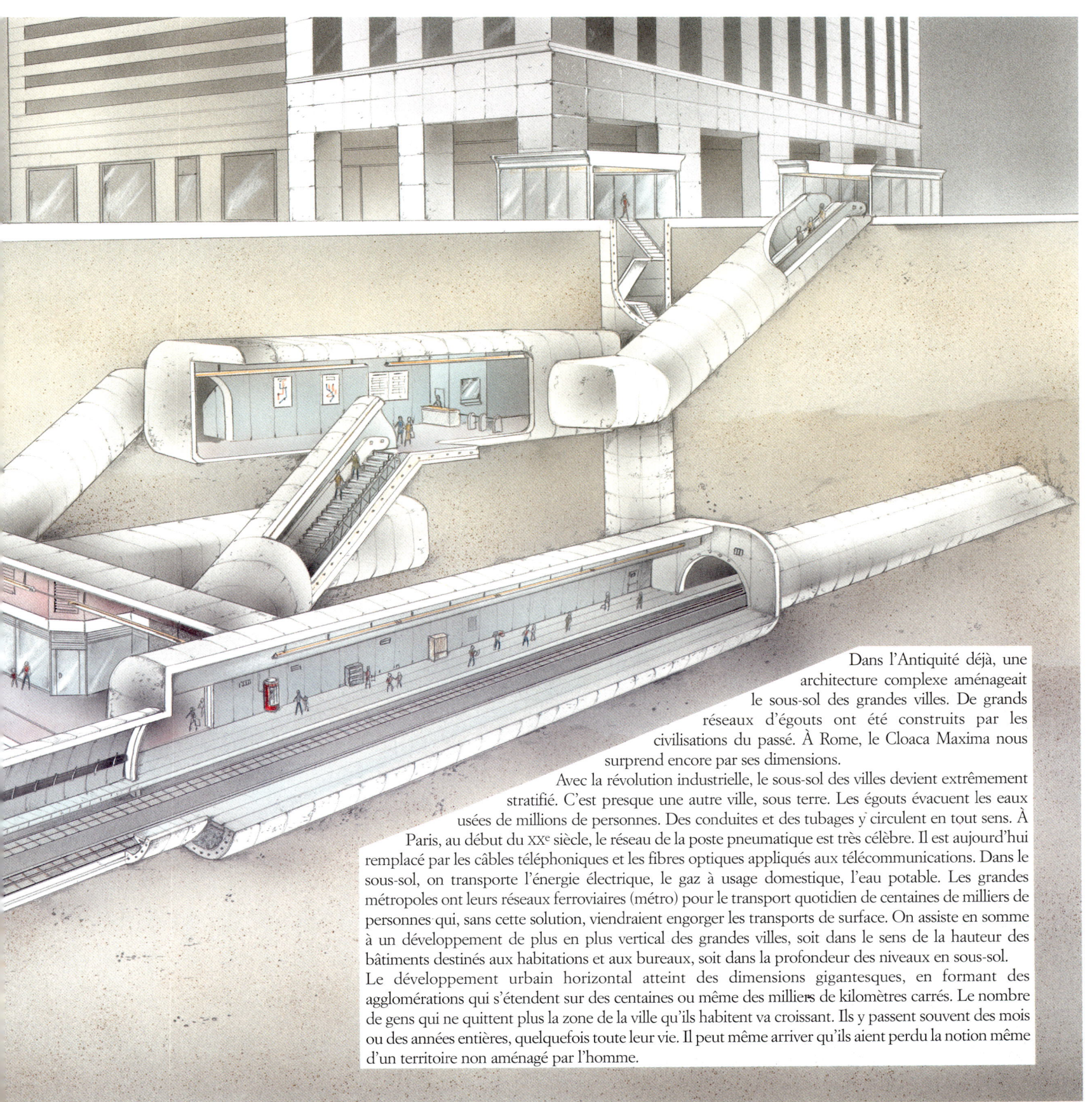

Dans l'Antiquité déjà, une architecture complexe aménageait le sous-sol des grandes villes. De grands réseaux d'égouts ont été construits par les civilisations du passé. À Rome, le Cloaca Maxima nous surprend encore par ses dimensions.

Avec la révolution industrielle, le sous-sol des villes devient extrêmement stratifié. C'est presque une autre ville, sous terre. Les égouts évacuent les eaux usées de millions de personnes. Des conduites et des tubages y circulent en tout sens. À Paris, au début du XXe siècle, le réseau de la poste pneumatique est très célèbre. Il est aujourd'hui remplacé par les câbles téléphoniques et les fibres optiques appliqués aux télécommunications. Dans le sous-sol, on transporte l'énergie électrique, le gaz à usage domestique, l'eau potable. Les grandes métropoles ont leurs réseaux ferroviaires (métro) pour le transport quotidien de centaines de milliers de personnes qui, sans cette solution, viendraient engorger les transports de surface. On assiste en somme à un développement de plus en plus vertical des grandes villes, soit dans le sens de la hauteur des bâtiments destinés aux habitations et aux bureaux, soit dans la profondeur des niveaux en sous-sol.

Le développement urbain horizontal atteint des dimensions gigantesques, en formant des agglomérations qui s'étendent sur des centaines ou même des milliers de kilomètres carrés. Le nombre de gens qui ne quittent plus la zone de la ville qu'ils habitent va croissant. Ils y passent souvent des mois ou des années entières, quelquefois toute leur vie. Il peut même arriver qu'ils aient perdu la notion même d'un territoire non aménagé par l'homme.

# 5. LA DOMINATION DE LA PLANÈTE — I  Le colonialisme

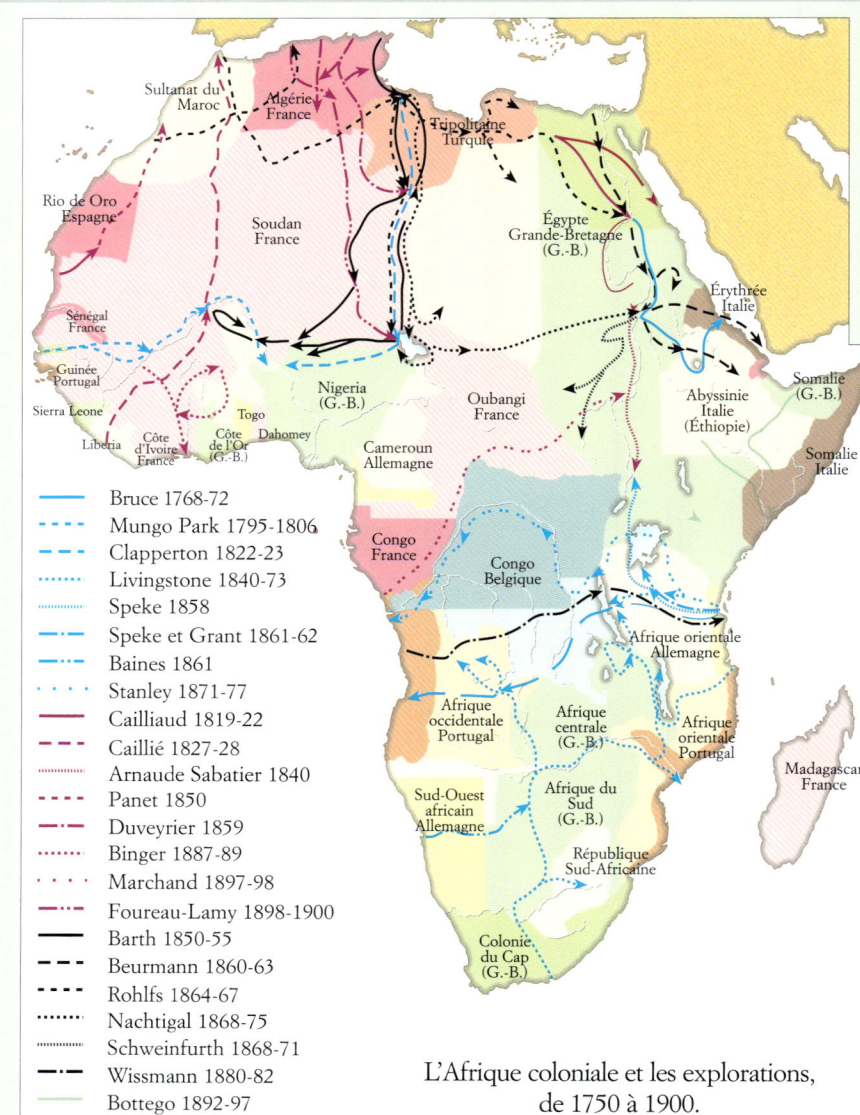

Bruce 1768-72
Mungo Park 1795-1806
Clapperton 1822-23
Livingstone 1840-73
Speke 1858
Speke et Grant 1861-62
Baines 1861
Stanley 1871-77
Cailliaud 1819-22
Caillié 1827-28
Arnaude Sabatier 1840
Panet 1850
Duveyrier 1859
Binger 1887-89
Marchand 1897-98
Foureau-Lamy 1898-1900
Barth 1850-55
Beurmann 1860-63
Rohlfs 1864-67
Nachtigal 1868-75
Schweinfurth 1868-71
Wissmann 1880-82
Bottego 1892-97

L'Afrique coloniale et les explorations, de 1750 à 1900.

## LE PARTAGE DE L'AFRIQUE

Si on exclut l'Afrique du Sud britannique, l'Algérie française et quelques comptoirs côtiers, la colonisation de l'Afrique commence seulement après 1880. Le climat, les nombreuses maladies mortelles, le nombre peu élevé de fleuves navigables, l'absence d'États politiques organisés, et le faible niveau de développement économique rendaient ce continent peu attractif pour les entrepreneurs européens.

La découverte d'or et de diamants dans la colonie du Cap conduit les Anglais à avancer vers le nord à la recherche de nouveaux gisements. En même temps, ils cherchent à contrôler les colonies hollandaises des Boers. En 1899, les divergences entre les Anglais et les Boers débouchent d'ailleurs sur une véritable guerre.

À l'opposé du continent, les Français prennent possession, dans le courant du XIXe siècle, de la vaste zone sous-peuplée du nord-ouest, en avançant par la suite vers l'est. Leur avancée est stoppée, en 1898, à Fachoda (Soudan) par les Anglais qui se sont déjà emparés de l'Égypte et du Soudan pour se garantir le contrôle du Canal de Suez, ouvert en 1869.

À cause de son inaccessibilité et de son climat inhospitalier, l'Afrique centrale est l'ultime région du « continent noir » à s'ouvrir à la pénétration occidentale. Son occupation coloniale est le fait de l'Empire allemand.

La course aux territoires africains produit de graves frictions entre les conquérants. Pour éviter le risque d'un conflit armé, une conférence internationale sur les affaires africaines est organisée en 1884 à Berlin. Les 14 pays participants, parmi lesquels les États-Unis, établissent entre autres qu'un pays doit réellement occuper un territoire pour pouvoir légitimement en revendiquer la possession. Cependant, l'annexion et l'exploitation d'un territoire est une chose, son développement en est une autre. Les sujets africains attendront longtemps les fruits de la tutelle européenne.

Ainsi, morceau par morceau, le continent noir passe entre les mains des pouvoirs européens. À la veille de la Grande Guerre, il ne reste plus que deux pays réellement indépendants : le Liberia (fondé par des Américains pour accueillir d'anciens esclaves noirs qui souhaitent retourner en Afrique en 1847) et l'Éthiopie.

Le terme de « colonialisme » est né dans les dernières années du XIXe siècle. Il désigne un ensemble d'actions politiques et de convictions idéologiques qui se basent sur une certaine supériorité culturelle des pays colonisateurs et qui légitiment l'exploitation et la soumission des peuples dits « primitifs ».

L'idée de « civiliser » les autres peuples n'est pas nouvelle. Elle était le fait des Chinois. Elle était contenue dans l'appréciation des Grecs et des Romains vis-à-vis des « Barbares ». Elle s'est traduite dans le souci constant du christianisme de convertir les « païens ». Cependant, avec la société capitaliste issue de la révolution industrielle, le colonialisme manifeste pleinement son caractère destructif. En laissant une part minime aux motivations religieuses et humanitaires, l'activité coloniale obéit principalement à l'exigence faire croire que les civilisations se distinguent seulement par leur degré de complexité. Les peuples extra-européens, accusant un retard technologique, ne peuvent que profiter de la tutelle exercée par les Blancs, censés occuper le sommet de l'échelle évolutive. La supériorité de la race blanche est expliquée par le climat et le milieu géographique favorables dans lesquels elle s'est formée.

La Grande-Bretagne est le pays qui a le plus développé la mentalité colonialiste. Dans la seconde moitié du XIXe siècle, les Anglais sont convaincus que leur nation a le devoir de répandre le progrès dans le monde entier.

**Un système d'exploitation économique**

Malgré ses intentions civilisatrices, le colonialisme s'est en général limité à mettre en place un système économique fermé entre les

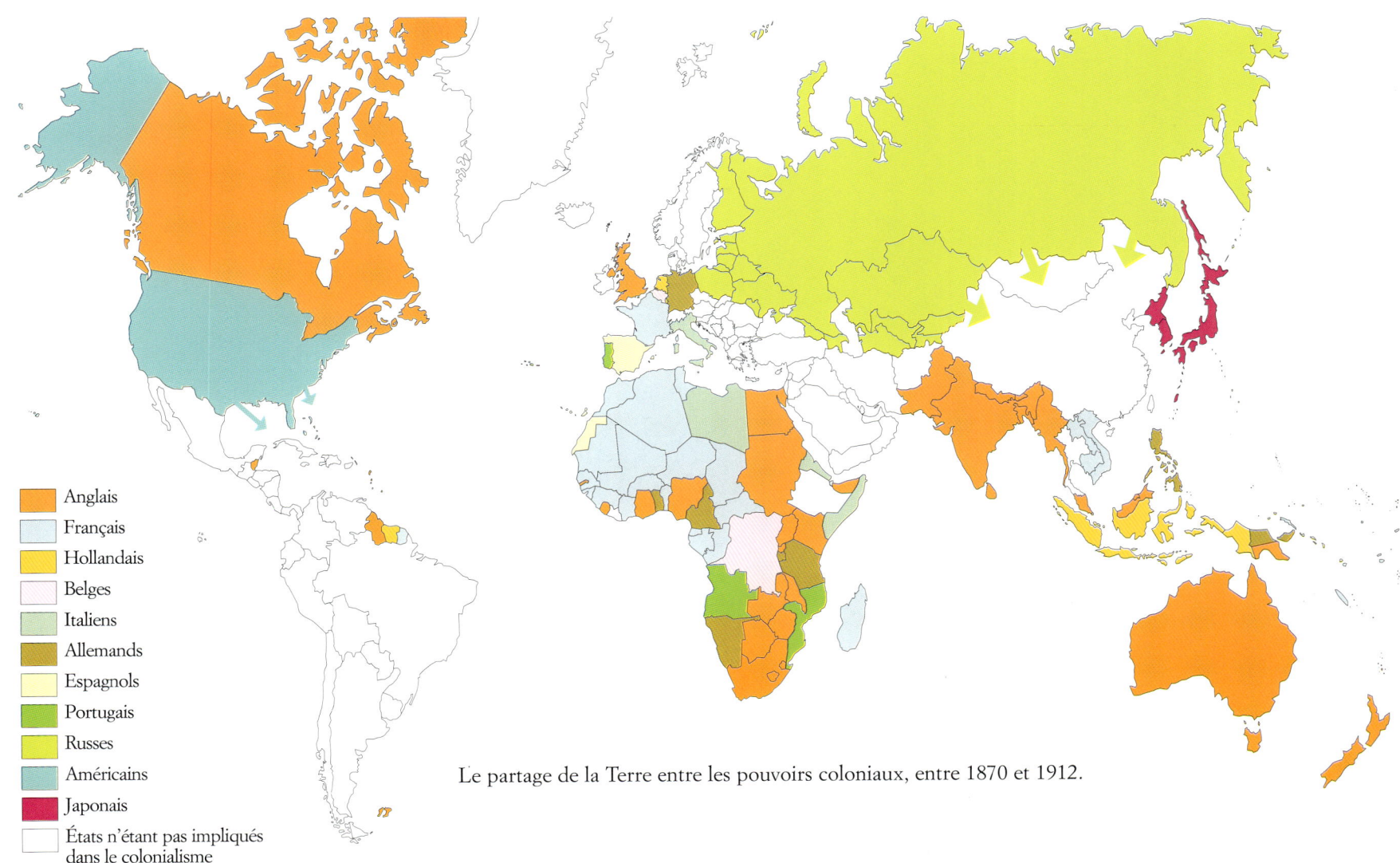

Le partage de la Terre entre les pouvoirs coloniaux, entre 1870 et 1912.

économique : produire et vendre des quantités de marchandises toujours plus importantes, selon l'idéologie laïque du progrès matériel qui anime la bourgeoisie européenne du XIXe siècle.

**Comment justifier le colonialisme ?**

La conquête coloniale démontre une profonde incapacité mentale et culturelle à entrer en contact avec des civilisations diverses, autrement que par des rapports de force. La brutalité de la domination coloniale, l'exploitation économique et la sujétion culturelle ont comme source une très ancienne volonté d'expansion de l'Occident. Elle se justifie alors par une « mission civilisatrice » à l'échelle de la planète.

Cette idéologie tente de se donner un fondement scientifique par la doctrine évolutionniste de Darwin. En la vulgarisant, on veut colonies et le pays dominant : les territoires colonisés fournissent des matières premières à des coûts extrêmement bas, des denrées alimentaires presque toujours produites dans des exploitations de monoculture, et de la main-d'œuvre. En même temps, ils constituent un marché facile pour écouler la production industrielle de la métropole.

La diffusion de marchandises et de produits industriels adaptés aux us et coutumes des Européens parmi les populations indigènes diminue rapidement leur patrimoine culturel en bouleversant les modes de vie traditionnels. Dans la majorité des cas, le colonialisme prive ceux qui le subissent de leur propre identité culturelle et éthique, sans savoir ni vouloir colmater le vide qu'il laisse derrière lui.

# 5. La domination de la planète

## II L'émigration : un phénomène de masse

Au XIXe siècle, l'affirmation de l'industrie comme activité économique principale, l'introduction de nouvelles méthodes agricoles et l'amélioration de l'alimentation qui en découle, les progrès de la médecine, conduisent les pays impliqués dans la révolution industrielle à une rapide croissance de la population par la baisse de leur taux de mortalité. La rationalisation dans le domaine agricole et la disparition de beaucoup d'activités artisanales provoquent un grand mouvement migratoire des zones rurales vers les villes industrielles. Plus tard, les villes étant saturées, les migrations s'orientent vers des pays étrangers qui offrent des perspectives de travail.

De grandes masses d'ouvriers se déplacent depuis les pays qui disposent d'une main-d'œuvre surabondante (surtout l'Irlande, la Grande-Bretagne et l'Allemagne) vers les régions où l'on en manque. À ce grand flux migratoire, des pays comme la Russie des tsars ou l'Empire des Habsbourgs contribuent aussi, en raison de la pauvreté et de la condition sociale de leurs paysans. Des personnes appartenant à des minorités ethniques ou religieuses persécutées ou marginalisées (par exemple les Juifs de l'Europe orientale) s'ajoutent à ce courant migratoire.

### Des déplacements en masse

Entre 1800 et 1930, 40 millions d'Européens environ émigrent outre-mer. La population des États-Unis passe, dans cette période, de 5 à 122 millions d'habitants. Mais, dans la seconde moitié du XIXe siècle, il y a également des mouvements de populations dans d'autres continents.

La Chine, affligée au XIXe siècle d'une constante surpopulation, engendre de grands flux migratoires comme celui qui amène aux États-Unis 400 000 Chinois entre 1820 et 1849. Au début du XXe siècle, 40 millions de Chinois émigrent en Mandchourie. Au milieu du siècle, près de 15 millions se sont encore répandus dans toute l'Asie du Sud-Est.

La croissance démographique du Japon, soutenue par la politique d'expansion impériale, crée aussi des flux migratoires. De 1880 à 1920, 1 400 000 Japonais s'installent dans l'île septentrionale de Hokkaido. Six autres millions se déplacent vers les zones conquises par le Japon sur le continent asiatique, entre la fin du XIXe siècle et la Seconde Guerre mondiale.

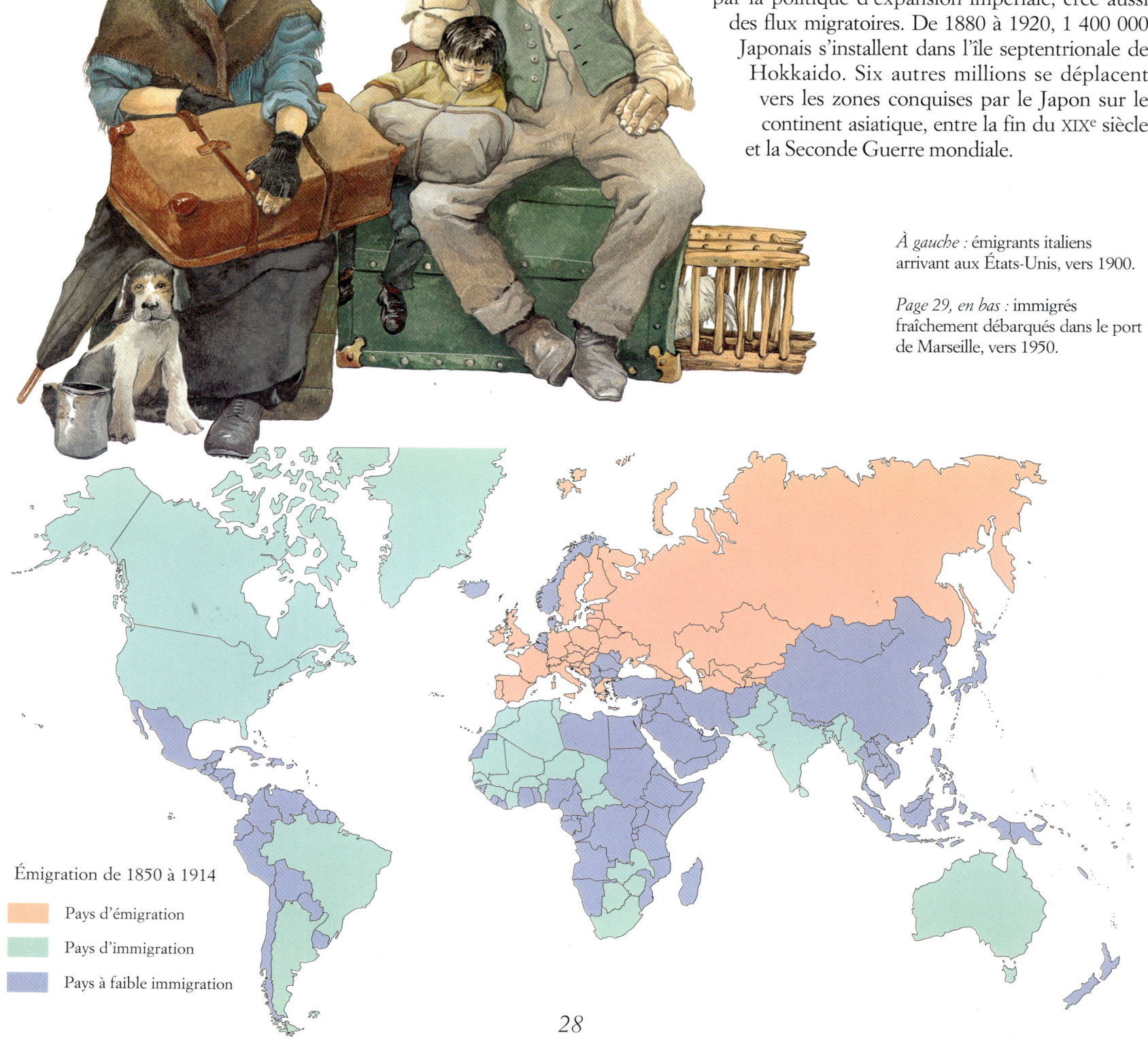

*À gauche :* émigrants italiens arrivant aux États-Unis, vers 1900.

*Page 29, en bas :* immigrés fraîchement débarqués dans le port de Marseille, vers 1950.

Émigration de 1850 à 1914

- Pays d'émigration
- Pays d'immigration
- Pays à faible immigration

## LE XXᵉ SIÈCLE, UN SIÈCLE DE DÉRACINÉS

La Seconde Guerre mondiale provoque de grands mouvements de populations. Ils concernent plus de 30 millions de personnes en Europe et environ 40 millions en Asie. Ces déplacements sont souvent directement liés aux faits de guerre. Mais ailleurs, il s'agit de migrations forcées ou de déportations de communautés entières.

De 1948 à 1961, l'exode des Juifs, rescapés de l'extermination nazie, amène en Palestine plus de 900 000 personnes, entraînant l'émigration de centaines de milliers de Palestiniens. L'effondrement du communisme soviétique en revanche met fin au flux des exilés des pays de l'Est. Mais le flux des exilés politiques ne cesse pas pour autant sur la planète.

### De nouveaux pays d'immigration

À partir de 1950, l'émigration, traditionnellement orientée vers les États-Unis, se dirige vers l'Australie et le Canada. En une vingtaine d'années, ces pays accueillent respectivement 2 et 1,5 millions d'immigrants. Dans le même temps, la grande croissance économique de l'Europe du nord-ouest et la forte demande de main-d'œuvre, même non qualifiée, qui en résulte engendrent des mouvements migratoires importants des zones européennes moins développées, du Moyen-Orient et de l'Afrique du Nord vers les pays industrialisés les plus avancés du continent (France et Allemagne notamment).

Parmi les observations plus récentes encore, il faut également signaler la formation de courants migratoires en Amérique du Sud. À l'est, les populations se déplacent de la côte vers l'intérieur, tandis que sur le versant ouest, on assiste à la descente des populations andines dans les plaines.

À la fin du deuxième millénaire, les flux les plus remarquables sont en Asie, en raison du grand développement économique de la région du sud-est, et en Afrique que les habitants quittent peu à peu vers les pays développés européens.

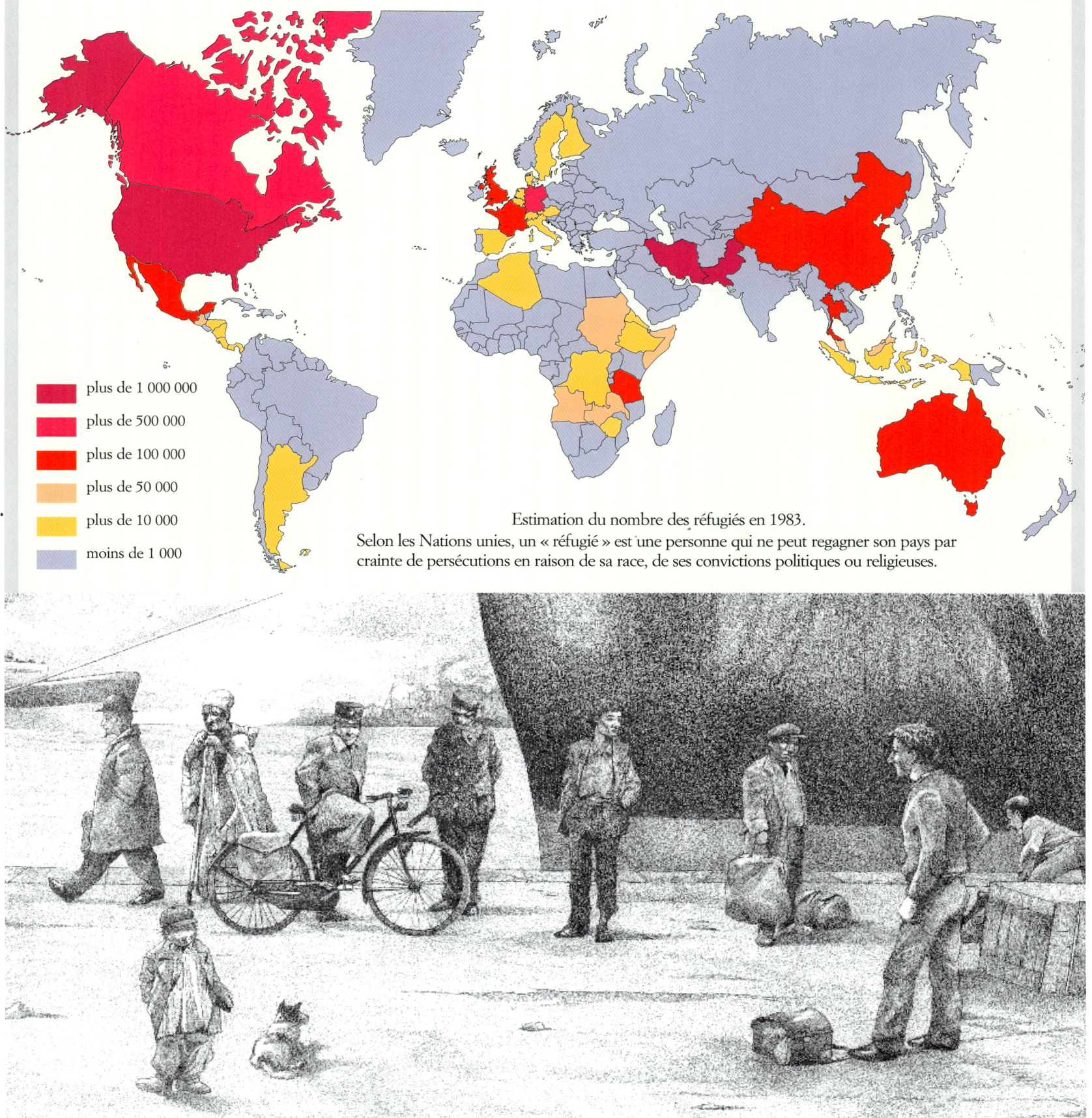

- plus de 1 000 000
- plus de 500 000
- plus de 100 000
- plus de 50 000
- plus de 10 000
- moins de 1 000

Estimation du nombre des réfugiés en 1983.
Selon les Nations unies, un « réfugié » est une personne qui ne peut regagner son pays par crainte de persécutions en raison de sa race, de ses convictions politiques ou religieuses.

# 6. LE TEMPS DES GUERRES MONDIALES — I Le monde du travail

En août 1914, les tensions accumulées depuis un siècle provoquent un conflit sans précédent entre les puissances européennes. Le jeu des alliances et des dépendances coloniales implique des pays de tous les continents. C'est pour cela qu'on l'appelle la « Grande Guerre » : guerre qui oppose la Triple Entente (Grande-Bretagne, France et Russie, rejoints par l'Italie en 1915 et les États-Unis en 1917) aux Empires Centraux (Allemagne, Autriche et Turquie) et qui ne peut trouver sa conclusion que dans la défaite complète de l'une des parties. Quand, en 1918, le conflit se termine avec la défaite des Empires Centraux, les pays impliqués ont subi des pertes humaines et matérielles énormes et souvent irrémédiables.

Tous les États en guerre étaient persuadés que le conflit aurait une fin rapide. Or, les armées se sont affrontées pendant plus de quatre ans sur des fronts de plusieurs centaines de kilomètres. Pour faire face aux besoins de la guerre, l'industrie a été

*Ci-dessus* : une usine d'armement et (*en haut*) une tranchée, durant la Première Guerre mondiale.

*À gauche et en page 31* : le travail féminin dans les campagnes et dans les usines.

Durant la Première Guerre mondiale, des dizaines de millions d'hommes sont mobilisés sur les différents champs de bataille. Ces hommes proviennent des villes mais surtout des campagnes. À leur place, dans les champs et dans les usines en rapide développement pour la production

mobilisée et la production d'armes s'est développée de façon gigantesque. Et comme les hommes étaient sur le front, les femmes ont assumé toutes les autres obligations, ce qui transformera les façons de vivre et de penser.

d'armes, des millions de femmes sont embauchées. Pour la plupart, ces femmes sortent pour la première fois de leur foyer. Dans le travail en commun et dans la solidarité réciproque, elles prennent conscience de leur condition marginale et de leurs droits à l'égalité avec les hommes. Les premiers mouvements d'émancipation féminine, qui sont apparus à la fin du siècle précédent, prennent alors plus d'ampleur. Les femmes conquièrent une place nouvelle dans la société, d'autant plus que le développement de l'instruction et de l'information accélère le mouvement.

# 6. LE TEMPS DES GUERRES MONDIALES

## II  Révolution russe et crise économique

La Première Guerre mondiale a un effet moteur sur les inventions et leurs applications technologiques. Ces progrès profitent surtout aux pays développés qui ne sont pas touchés directement par les combats, et le premier d'entre eux : les États-Unis. De nombreux progrès ont lieu dans le domaine de l'automobile et de l'aéronautique, dans la pétrochimie et la pharmacie, dans l'utilisation de l'électricité, dans la fabrication des alliages de l'acier, dans la réfrigération et la conservation des denrées alimentaires.

**Les conséquences économiques et politiques du conflit**

La fin de la guerre entraîne une brusque restructuration, car la demande de certains produits chute brutalement. Une crise liée à la surproduction se manifeste en Amérique dès 1921 et elle s'étend à l'Europe. Elle provoque la fermeture de nombreuses usines, la faillite d'un certain nombre de banques et le chômage pour des centaines de milliers de travailleurs.

Mis à part quelques restrictions, le gros de l'activité économique d'avant-guerre était régulé par le marché libre. Pendant la guerre, l'État exerçait un contrôle direct sur les prix et la répartition de la main-d'œuvre. Son action a ainsi artificiellement stimulé quelques secteurs de l'économie, aux dépens d'autres. Une grande partie de ces interventions cessent après le conflit et les conditions d'avant-guerre se rétablissent difficilement.

Par ailleurs, tous les pays en guerre ont accru l'autorité de l'État pour mieux organiser la mobilisation et combattre l'opposition pacifiste. Le pouvoir exécutif établit souvent une sorte de dictature, étendue à la Justice qui cède ainsi tous les pouvoirs au gouvernement. La planification économique et l'autoritarisme politique donnent ainsi naissance à « l'interventionnisme d'État » qui caractérisera les années d'après-guerre et mettra en crise les institutions libérales et parlementaires.

**La grande crise de 1929**

Les États-Unis ne souscrivent pas aux Traités qui fixent la paix et par lesquels les Alliés cherchent à abaisser l'Allemagne. En 1924, avec le plan Dawes, ils financent le redressement économique allemand. Ce plan réussit si bien qu'il entraîne l'économie mondiale dans une phase de grande expansion. Mais la plus grande partie de la population est encore liée à l'agriculture et ne ressent pas, ou peu, la retombée de la croissance économique. L'augmentation globale des revenus se révèle modeste. Elle ne suffit pas à garantir des débouchés à la majeure partie des investissements productifs.

Cette situation engendre la grande dépression de 1929 à 1933, dont l'effondrement de la bourse de New York était l'un des aspects les plus apparents. La crise prend un tour catastrophique et met en évidence les limites du système capitaliste qui s'avère incapable de prévoir la redistribution des richesses produites par le développement technologique.

La récession met également fin à l'équilibre financier d'avant-guerre. Trois blocs se dessinent peu à peu. La France reste au centre du système des pays qui maintiennent la parité avec l'or (le « bloc de l'or »), en compagnie de la Suisse, de la Belgique et des Pays-Bas. En 1931, la Grande-Bretagne s'en retire. Les pays du Commonwealth, les pays scandinaves et le Portugal alignent leur monnaie sur la devise britannique (« bloc de la livre sterling »).

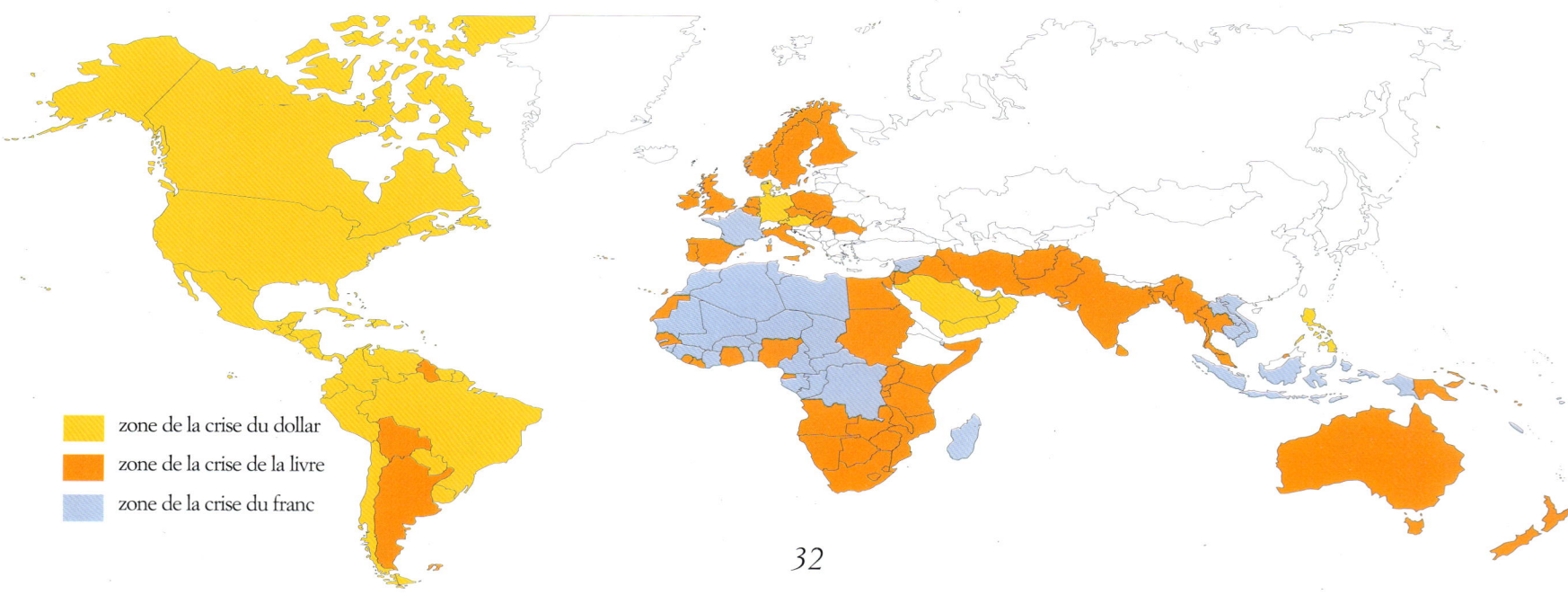

- zone de la crise du dollar
- zone de la crise de la livre
- zone de la crise du franc

## La Révolution russe

Le caractère industriel de la Grande Guerre a signé la condamnation du régime relativement archaïque de la Russie tsariste. Au début de 1917, l'économie est dans le chaos et les défaites militaires ont miné le moral du pays. En mars, les émeutes qui éclatent à Pétrograd obligent le tsar Nicolas II à abdiquer. Elles donnent naissance à une lutte politique violente qui amène les bolcheviks, l'aile la plus radicale des sociaux-démocrates, à prendre le pouvoir. C'est la « révolution d'Octobre » (7 novembre 1917, soit le 25 octobre selon le calendrier russe).

La réaction des opposants, soutenus par les puissances occidentales, déchaîne une guerre civile qui dure quatre ans. Le gouvernement bolchevik adopte un programme économique drastique (communisme de guerre) qui prévoit la nationalisation de l'économie, la distribution de toutes les terres aux paysans ainsi qu'un nouveau système juridique. Il introduit le parti unique (dictature du prolétariat) présidé par Lénine qui, à la fin de la guerre civile en 1922, résout le problème des différentes nationalités en créant une république fédérale. L'Union des Républiques Socialistes Soviétiques (URSS) est proclamée le 30 décembre 1922.

Mais Lénine doit opérer un changement radical dans l'économie (NEP : Nouvelle Politique Économique) en réintroduisant quelques procédés capitalistes. L'agriculture est contrainte de payer un impôt en nature et les paysans obtiennent le droit de vendre les excédents sur les marchés. Les industries ayant moins de vingt employés peuvent rester privées, tandis que les étrangers obtiennent le droit de louer des espaces de production et d'introduire de nouvelles industries. Les résultats sont bons, au point qu'en 1928, quand la lutte de succession après la mort de Lénine (1924) se termine en faveur de Staline, la production globale a retrouvé le niveau d'avant-guerre.

### Une économie étatisée

En 1929, Staline introduit les plans quinquennaux : une commission d'État à la planification prévoit les programmes, détermine les objectifs à atteindre et transmet les directives aux organisations locales. Toutes les ressources nationales sont mobilisées pendant cinq ans pour le succès du plan.

Le mécanisme de la planification se substitue à l'économie de marché sans égard pour les coûts, les profits ou les préférences des consommateurs, et sans aucun souci de l'environnement. Les syndicats sont utilisés pour maintenir la discipline dans les entreprises, pour empêcher les grèves et stimuler la productivité.

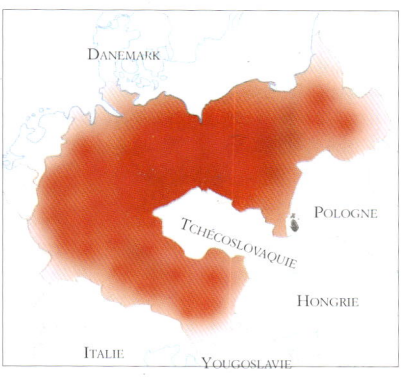

## La théorie de Keynes

En 1936, l'économiste anglais John Maynard Keynes publie une des œuvres majeures de la pensée économique, la *Théorie générale de l'emploi, de l'intérêt et de la monnaie*. Il y met en évidence l'importance primordiale de la dépense publique dans l'économie et soutient que des crises comme celle de 1929 s'expliquent par l'insuffisance de capacité de consommation des masses. Une telle crise peut être évitée par un développement rationnel. À la surproduction, il faut répondre par une politique de hauts salaires. Les capitaux disponibles doivent être employés dans les activités productives et maintenir des taux d'intérêt bas pour inciter les entreprises à prendre des crédits. De plus, pour garantir l'écoulement des produits, il est nécessaire d'atténuer les différences excessives dans les revenus. À travers la taxation des revenus, l'État trouverait des ressources pour mener un rôle régulateur dans l'économie, en favorisant l'emploi et en lançant de grands travaux.

*Ci-dessus* : la construction d'une centrale hydroélectrique au Caucase dans les années 1920, image de l'industrialisation rapide de l'URSS (peinture de Boris Joganson, 1925).
*Au centre* : la Grande Allemagne imaginée par Adolf Hitler. Cet « espace vital » conçu par le national-socialisme est le terrain d'expansion de la prétendue « race supérieure aryenne ».

*Page de gauche, au centre* : en novembre 1923, des enfants allemands jouent avec des briques faites de liasses de billets de banque sans valeur, au temps de la grande inflation.
*Page de gauche, en bas* : les zones géopolitiques touchées par la grande crise monétaire de 1929 à 1930.

# 6. LE TEMPS DES GUERRES MONDIALES    III    Destructions et reconstruction

La « grande dépression » montre, de manière manifeste, que la Grande Guerre n'a réglé aucun des problèmes qui l'avaient provoquée, surtout dans le domaine des relations financières et commerciales entre les nations.

**Les démocraties face aux dictatures**

La crise de 1929 a des effets à long terme, tels que l'augmentation de l'intervention de l'État dans l'économie. Ce qu'on appelle la « révolution keynésienne » *(voir p. 33)* trouve sa première application pratique dans la politique du *New Deal* (« nouvelle donne ») décidée par le président américain F.-D. Roosevelt (au pouvoir de 1933 à 1945). L'État intervient d'une part sur le système industriel avec le *National Industrial Recovery Act* pour tenter d'élaborer des « normes de concurrence loyale » et combattre la spéculation. D'autre part, il démarre un programme de travaux publics pour combattre le chômage, revitaliser la demande et relancer l'économie.

La crise de 1929 a aussi favorisé la naissance et la consolidation des dictatures. Le corporatisme de l'Italie fasciste, les plans quinquennaux soviétiques et l'économie dirigiste de l'Allemagne nazie sont tous des tentatives pour créer un système économique planifié. Mais ces régimes vont surtout déclencher le conflit le plus meurtrier de l'histoire humaine. La Deuxième Guerre mondiale, commencée en septembre 1939 avec l'invasion de la Pologne par l'Allemagne, ne prendra fin que le 8 mai 1945 en Europe et le 23 septembre dans le Pacifique avec la capitulation du Japon, après avoir causé 50 millions de morts.

**Un monde bipolaire**

De ce nouveau conflit, il résulte la domination claire et nette des États-Unis. Mais le monde se divise en deux blocs : une zone de libre échange, sous l'hégémonie américaine, et une zone de planification rigide centrée sur l'URSS, l'autre puissance victorieuse issue du conflit.

La Seconde Guerre mondiale entraîne aussi l'anéantissement des anciens empires coloniaux. De nouveaux pays ont acquis, grâce à la guerre, plus d'autonomie et de conscience de soi. En premier, l'Inde qui acquiert son indépendance en 1947, et la Chine qui, avec Mao Zedung, entre en 1949 dans le cercle des pays à économie planifiée tout en maintenant un fort nationalisme chinois. L'Europe, qui en 1939 dominait encore largement le monde, se retrouve sous la tutelle des États-Unis et de l'URSS, partagée par le Rideau de fer. Le mur de Berlin, érigé en 1961, devient le symbole de ce monde bipolaire.

*Ci-contre, à gauche :* Auschwitz. Les camps de concentration constituent, avec les explosions atomiques de Hiroshima et de Nagasaki (6 et 9 août 1945), le symbole le plus terrible de la Deuxième Guerre mondiale.
Créés dès 1933 en Allemagne, ce ne sont alors que des camps de rétention utilisés contre les ennemis politiques du régime. C'est pendant la guerre, avec la déportation de millions de personnes, que le régime raciste d'Hitler engendre la « solution finale au problème juif » et que sont créés les camps d'extermination édifiés sur le territoire polonais. Les premières chambres à gaz sont construites en novembre 1941 à Belzec et Chelmno. Mais le principal camp d'extermination est celui d'Auschwitz-Birkenau où seront gazées environ un million de personnes. Au total, ce sont près de 6 millions de juifs qui ont été exterminés dans le plus grand génocide de l'histoire, mais aussi d'autres populations dont 200 000 Tziganes hongrois, tchèques et allemands.

*Ci-dessous :* projet japonais futuriste d'une gigantesque rampe de lancement pour des missiles, prévue pour être construite dans un atoll du Pacifique.
À la fin de la Seconde Guerre mondiale, la reconstruction des territoires et des économies est une nécessité. Cela concerne en premier lieu l'Allemagne, l'Italie et le Japon.
Il y a également des urgences imposées par la nouvelle confrontation entre les deux « superpuissances » issues de la guerre, les États-Unis et l'Union Soviétique. Le plan Marshall permet, grâce aux investissements américains, la renaissance rapide des économies allemande, française et italienne. Simultanément, le Japon commence une ascension fulgurante : en une seule génération, dès après Hiroshima, il devient capable de disputer aux États-Unis et à l'Europe la suprématie commerciale, financière et technologique.
L'Europe doit se rendre à l'évidence, elle n'est plus le centre du monde.

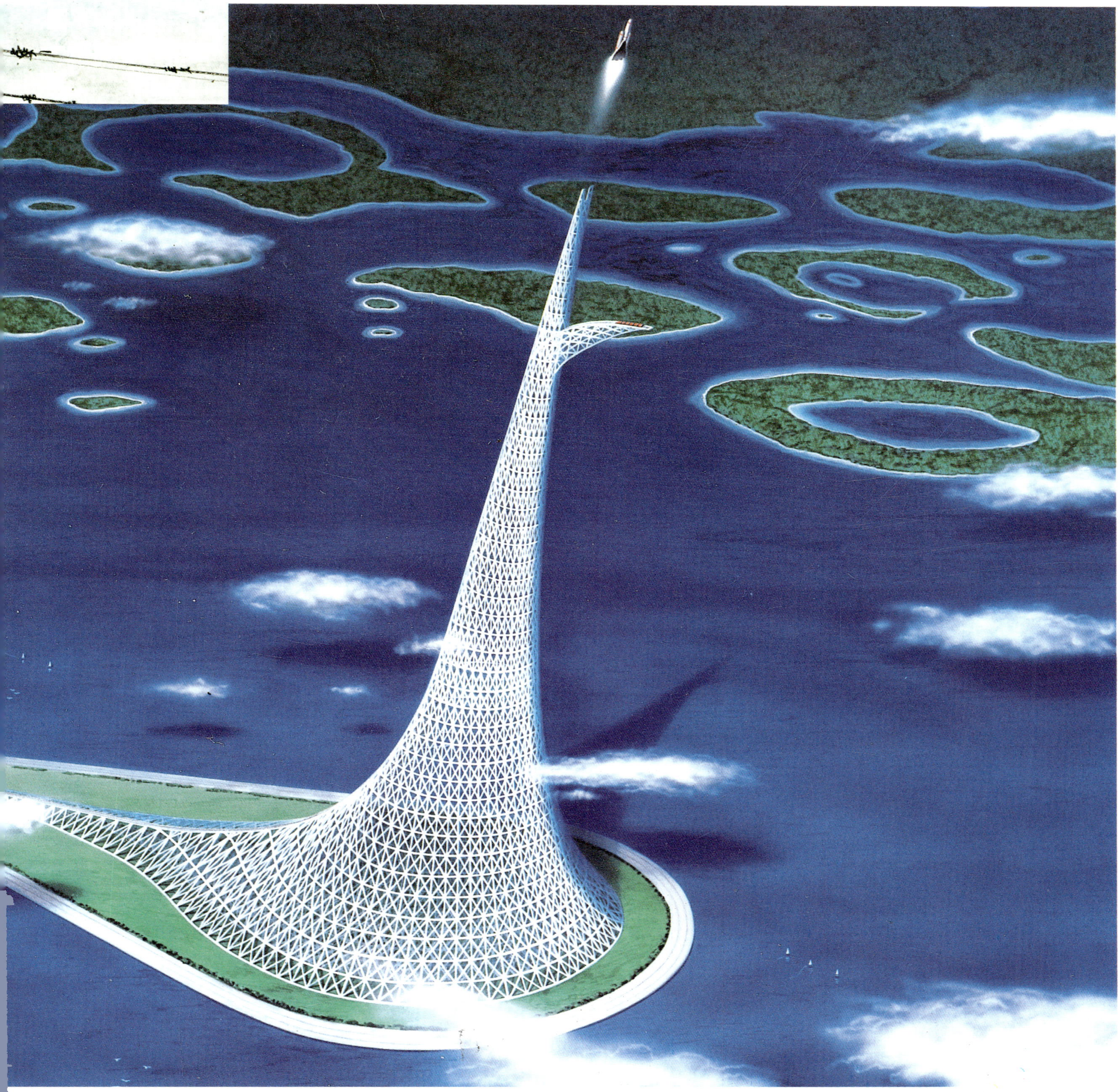

# 7. L'ÉNERGIE  I  L'électricité

L'étude scientifique de l'électricité est née au XVIIIe siècle mais c'est durant le XIXe siècle que les liens entre la science et la technologie ont produit une série d'applications pratiques fondamentales.

## L'invention de la pile électrique

Le scientifique italien Alessandro Volta (1745-1827) a réussi, en 1800, à produire du courant électrique continu moyennant un procédé électrochimique, la pile électrique. La pile a subi tout de suite de nombreux perfectionnements qui en ont facilité l'application pratique comme source d'énergie favorisant, entre autres, la naissance et le développement du télégraphe électrique.

Durant la même période ont progressé les études sur les champs magnétiques qui ont conduit à la réalisation de machines capables de produire de l'énergie électrique en grande quantité, ce qui a eu d'importantes répercussions sur le développement industriel. Les études d'André-Marie Ampère qui, en 1820, a réalisé quelques appareils générateurs de courant ont été suivies, en 1827, par l'invention de l'électro-aimant par Joseph Henry. En 1831, Michael Faraday a découvert le principe de l'induction électromagnétique. Il en a déduit la possibilité de produire du courant en utilisant le magnétisme. Les vingt années suivantes ont vu la prolifération d'expérimentations sur les générateurs et les moteurs électriques et à l'exposition de Paris, en 1855, a été démontrée la supériorité technique du moteur électrique par rapport à la machine à vapeur ; dans la pratique, le moteur électrique était encore limité par son rapport poids/puissance.

## Les premiers moteurs électriques

La grande étape est franchie en 1859 avec le projet de la « petite machine » d'Antonio Pacinotti (également appelée anneau de Pacinotti). Sur la base de cette dernière, des moteurs/générateurs à courant continu (dynamo) ont été développés. La première application industrielle du moteur électrique a été réalisée par Zénobe Gramme en 1872 dans les usines « Christophle » à Paris. Et seulement trois ans après, plus de mille moteurs de ce type étaient en utilisation. Gramme était en plus en train d'étudier la possibilité de produire du courant alternatif. En 1870, il a réussi à faire fonctionner la première machine expérimentale. Avec l'Allemand Siemens il a démarré ensuite un projet pour la réalisation à grande échelle de moteurs/générateurs à courant alterné (alternateurs).

La grande diffusion de l'utilisation de l'énergie électrique est cependant due à l'invention de la lampe à incandescence que Thomas A. Edison a réalisée en 1879. Très vite il s'est avéré que c'était le meilleur instrument pour l'éclairage.

## Les premières centrales électriques

Le même Edison a conçu la première centrale électrique commerciale, mise en fonction à New York en 1882. Sa société a ouvert en peu de temps plusieurs représentations en Europe et a passé de nombreux accords commerciaux qui ont donné, entre autres, naissance à la deuxième centrale électrique du monde (en 1883, à Milan).

En quelques années, la demande d'énergie électrique s'est accrue considérablement dans le monde entier. Cette demande a amené la construction de nouvelles centrales qui, dans la plupart des cas, fonctionnaient avec de la vapeur produite par des chaudières à charbon. Ainsi, à la fin du XIXe siècle, la production et l'utilisation de l'énergie électrique étaient arrivées à un stade de maturité.

Pour la transmission du courant électrique à distance il est indispensable d'avoir à disposition des câbles conducteurs isolés du milieu extérieur. Au début, on enveloppait, à la main, les filaments conducteurs par de fines bandes de toile. Le procédé s'est cependant rapidement mécanisé, et les fils de cuivre – un matériau qui s'est vite imposé pour sa bonne conductibilité – ont été isolés en plusieurs couches par des fils de coton ou de soie spiralés. Quelquefois, on avait recours à des bains de bitume pour préserver les isolants de l'humidité. Pour les lignes internes dans les bâtiments, on revêtait les fils de gutta-percha (substance plastique isolante) appliquée à chaud. Pour les lignes enterrées du milieu urbain, en revanche, on utilisait des gaines en caoutchouc vulcanisé ou des revêtements de papier imprégné de substances bitumées. En 1844 ont commencé les études pour la réalisation de câbles étanches que l'industrie anglaise a réussi à fabriquer en 1846, permettant ainsi la pose de la première ligne télégraphique sous-marine.

## De nouvelles utilisations de l'énergie électrique

Au cours du XXe siècle, l'utilisation de l'électricité a augmenté considérablement. Mais à part les perfectionnements des systèmes en terme d'efficience, on n'a pas enregistré d'innovations notoires dans les techniques de production, de transformation et de transports, ni dans les applications. C'est dans l'utilisation de l'énergie électrique que des changements ont apparu. Elle est toujours plus employée pour faire fonctionner ces systèmes électroniques (commandes numériques, ordinateurs, etc.) qui sont en train de se substituer progressivement aux dispositifs électromécaniques.

■ FRANCE

**1777**
LAVOISIER
Analyse de l'air
**1783**
MONTGOLFIER
Montgolfière
**1791**
LEBLANC
Soude
**1792**
LEBON
Gaz d'éclairage
**1805**
JACQUARD
Métier pour tisser la soie
**1809**
APPERT
Stérilisation des conserves
**1812**
DELESSERT
Raffinage du sucre de betterave
**1826**
NIEPCE
Photographie
**1827**
SEGUIN
Chaudière tubulaire
**1830**
THIMONNIER
Machine à coudre
**1865**
MARTIN
Four d'acier
**1867**
TELLIER
Procédé de congélation
**1882**
DEPREZ
Transport à distance de l'énergie électrique
**1885**
PASTEUR
Vaccin contre la rage
**1886**
MOISSAN
Découverte du fluor
**1894**
GAULARD
Transformateur
**1896**
BECQUEREL
Découverte de la radioactivité naturelle
**1897**
BRANLY
Télégraphe sans fil
**1898**
P. ET M. CURIE
Découverte du radium

■ GRANDE-BRETAGNE

**1779**
CROMPTON
Machine pour filer le coton
**1784**
WATT
Machine à vapeur
**1785**
CARTWRIGHT
Métier à tisser mécanique
**1808**
STANHOPE
Presse métallique à bras (typographie)
**1816**
STEVENSON
Locomotive
**1842**
LAWES
Superphosphates
**1856**
BESSEMER
Invention d'un procédé de fabrication de l'acier
**1876**
THOMSON
Générateur électrique
**1884**
PARSONS
Turbine à vapeur
**1888**
DUNLOP
Invention du pneumatique
**1897**
THOMSON
Mesure du rapport de la charge à la masse de l'électron
**1900**
RUTHERFORD
Gaz radioactif

■ ÉTATS-UNIS

**1785**
WHITNEY
Machine pour écosser le coton
**1831**
MACCORMICK
Moissonneuse
**1844**
MORSE
Télégraphe
**1859**
DRAKE
Exploitation industrielle du pétrole
**1870**
HYATT
Celluloïd
**1879**
EDISON
Ampoule à filament incandescent
**1884**
EASTMAN
Pellicule photographique
**1888**
EASTMAN
Produit le Kodak, premier appareil photographique portable à pellicule enroulable

*Page de gauche* : lampe à hydrogène d'Alessandro Volta (environ 1790), qui servait à des démonstrations. Le vase supérieur contient de l'eau qui, à travers le collier de laiton/cuivre, exerce de la pression sur l'hydrogène dans le globe en dessous. L'hydrogène sort par le gicleur du tube latéral, tandis que, des électrodes posées sur le côté, une étincelle enflamme le gaz qui allume une bougie fixée dans le petit tube en cuivre devant le gicleur.

■ ITALIE

**1801**
VOLTA
Pile électrique
**1875**
MEUCCI
Téléphone
**1885**
FERRARIS
Moteur électrique à champ magnétique tournant
**1896**
SCHIAPARELLI
Découverte de la nature des météorites
**1897**
MARCONI
Radio
**1898**
GRASSI
Découverte du transmetteur du parasite du paludisme

■ ALLEMAGNE

**1876**
OTTO
Moteur à quatre temps
**1885**
RÖNTGEN
Rayons X
**1886**
DAIMLER
Première motocyclette
**1887**
HERTZ
Production d'ondes électro-magnétiques
**1892**
DAIMLER
Automobile à essence
**1897**
DIESEL
Moteur diesel

■ BELGIQUE

**1860**
GRAMME
Machine à courant alterné
**1863**
SOLVAY
Procédé pour faire le soda
**1907**
BAEKELAND
Bakélite

■ RUSSIE

**1896**
MENDELEEV
Tableau des 92 éléments simples présents dans la nature

■ SUÈDE

**1856**
NOBEL
Dynamite

Quelques-unes des principales découvertes scientifiques et inventions qui ont donné vie à la révolution industrielle et ensuite au développement économique de la fin du XIXe siècle et du début du XXe siècle.

### LES SOURCES ÉNERGÉTIQUES

D'un point de vue scientifique, la seule source énergétique de l'univers est la matière qui, en annulant sa propre masse, se transforme en énergie selon la théorie de la relativité, $E = mc^2$, formulée par Albert Einstein.

Dans l'usage pratique, on considère comme « sources énergétiques » tous les matériaux et états énergétiques qui peuvent se transformer en énergie directement exploitable : les substances qui sont en mesure de libérer de l'énergie qu'elles contiennent sous des formes potentielles (le charbon, le pétrole, l'uranium, etc.) et l'ensemble des phénomènes qui la libèrent (la combustion, la fission nucléaire, etc.).

L'énergie qui se libère après la fission nucléaire de l'uranium provient d'un redressement de la masse du noyau atomique (similaire à ce qui advient dans le soleil) tandis que celle produite par la combustion du pétrole n'est rien d'autre que de l'énergie solaire emmagasinée par des êtres vivants du temps des ères préhistoriques.

L'énergie électrique présente un cas intéressant : pratiquement inutilisable dans ses manifestations naturelles, elle est facile à obtenir à partir d'une multitude de sources. Sa distribution simple en a permis une utilisation généralisée, des grandes implantations industrielles à l'usage domestique.

# 7. L'ÉNERGIE  II  Le pétrole

## LE PÉTROLE

Le pétrole est un combustible liquide naturel. Le terme, qui signifie « huile de roche », désigne des mélanges d'hydrocarbures divers, épais et visqueux, ayant une odeur caractéristique et dont la couleur va du jaune foncé au noir profond. Ces mélanges se trouvent dans des dépôts formés, durant des âges géologiques différents, par la décomposition bactérienne et en l'absence d'oxygène de grandes masses de matières organiques. Elles ont été déposées sous la surface de la terre, dans un environnement marin. Le pétrole se trouve dans des gisements de taille variable, situés à des profondeurs qui vont de quelques mètres à plusieurs kilomètres sous la croûte terrestre.

### Un usage récent

Depuis l'Antiquité, le pétrole est connu et récolté dans des sources affleurant le sol. On l'utilisait pour l'éclairage et surtout comme médicament. C'est seulement avec la révolution industrielle que son usage s'est étendu. On en obtient d'abord de très bons lubrifiants pour les machines et ensuite des carburants pour les moteurs.

Le premier forage d'un puits de pétrole a été effectué en 1859 en Pennsylvanie et, jusqu'à la Grande Guerre, l'industrie pétrolière est restée un phénomène presque exclusivement américain. Avec la découverte de grandes réserves en Afrique et dans le Golfe Persique durant le premier après-guerre, l'industrie et la consommation du pétrole se sont internationalisées. En quelques dizaines d'années seulement, cette matière première est devenue la principale source d'énergie du monde industrialisé. Cette rapide ascension s'explique par son moindre coût en comparaison avec les autres sources d'énergie, une meilleure flexibilité dans son usage et les facilités de transport. Il peut être utilisé comme carburant et comme matière première dans l'industrie chimique qui en tire les matières plastiques les plus diverses. L'importance du pétrole a entraîné une véritable dépendance des sociétés avancées à son égard. Il est responsable de nombreux conflits et renversements politiques qui se sont produits après la Seconde Guerre mondiale.

### Une consommation stable

Le récent emploi du pétrole comme matière première « globale » est le résultat des études faites pour exploiter pleinement les résidus de la distillation des fractions combustibles. Actuellement, la consommation de pétrole est stable. L'augmentation de son utilisation comme matière première industrielle est compensée par une consommation moindre comme combustible, grâce aux politiques d'économie d'énergie et à une meilleure utilisation d'autres énergies.

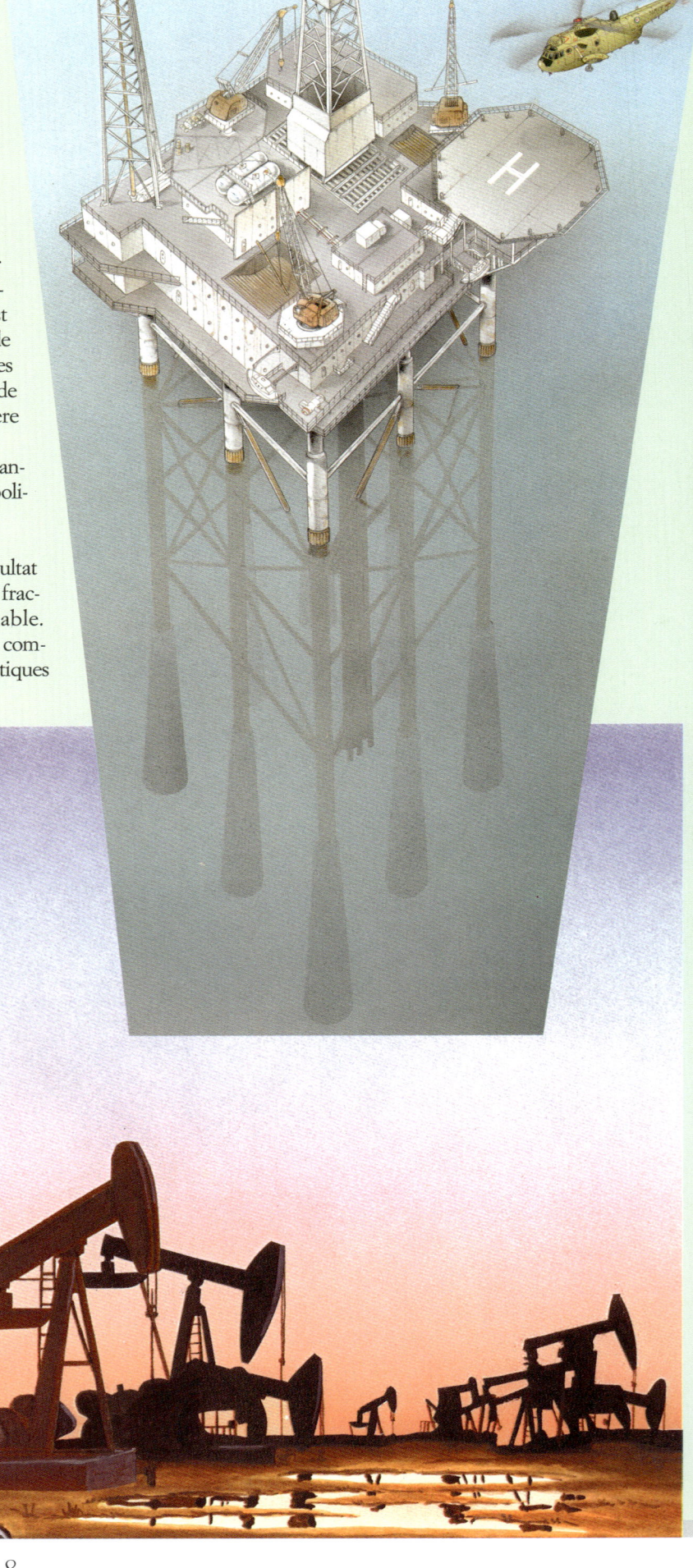

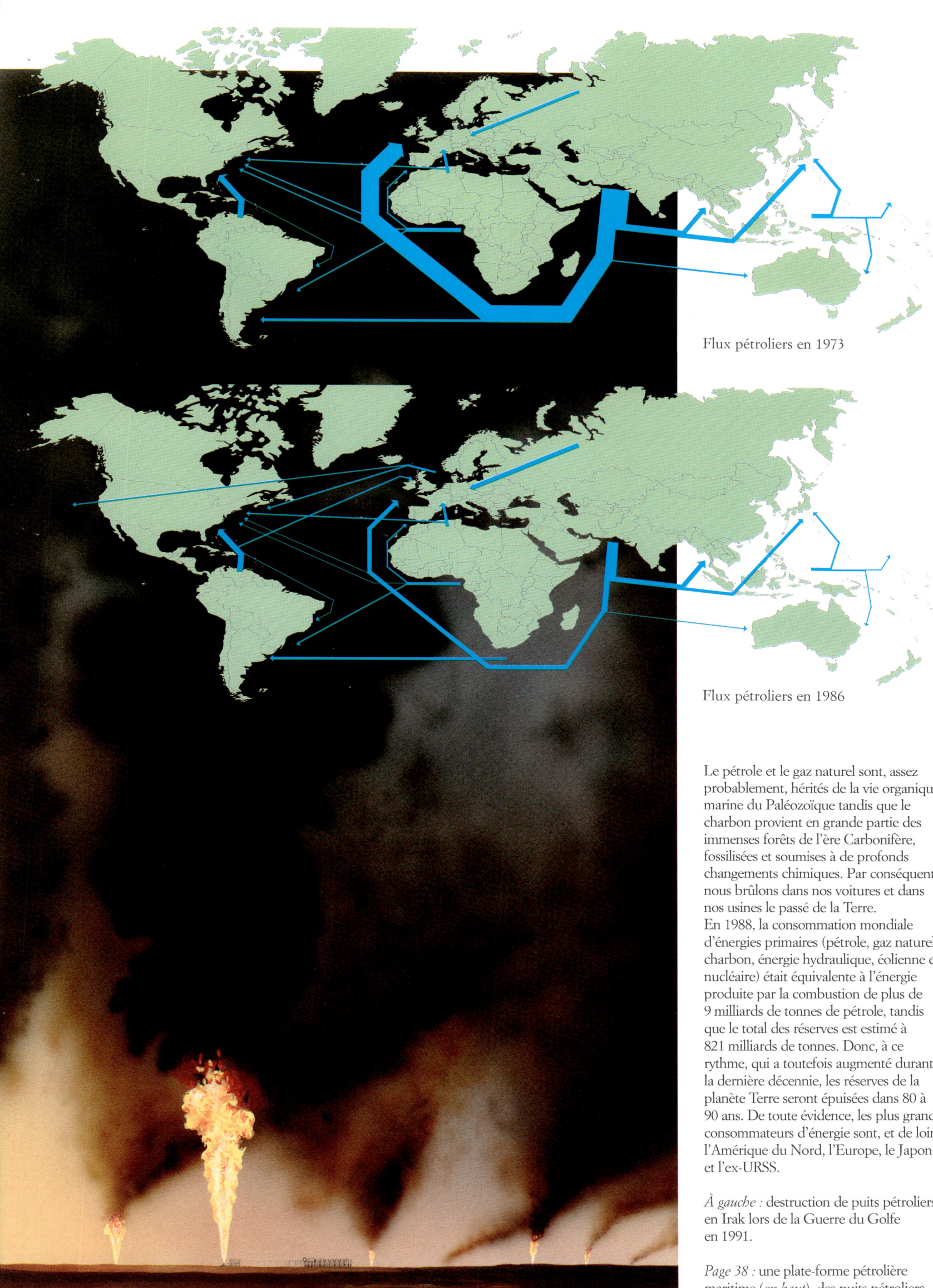

Flux pétroliers en 1973

Flux pétroliers en 1986

Le pétrole et le gaz naturel sont, assez probablement, hérités de la vie organique marine du Paléozoïque tandis que le charbon provient en grande partie des immenses forêts de l'ère Carbonifère, fossilisées et soumises à de profonds changements chimiques. Par conséquent, nous brûlons dans nos voitures et dans nos usines le passé de la Terre.
En 1988, la consommation mondiale d'énergies primaires (pétrole, gaz naturel, charbon, énergie hydraulique, éolienne et nucléaire) était équivalente à l'énergie produite par la combustion de plus de 9 milliards de tonnes de pétrole, tandis que le total des réserves est estimé à 821 milliards de tonnes. Donc, à ce rythme, qui a toutefois augmenté durant la dernière décennie, les réserves de la planète Terre seront épuisées dans 80 à 90 ans. De toute évidence, les plus grands consommateurs d'énergie sont, et de loin, l'Amérique du Nord, l'Europe, le Japon et l'ex-URSS.

*À gauche :* destruction de puits pétroliers en Irak lors de la Guerre du Golfe en 1991.

*Page 38 :* une plate-forme pétrolière maritime (*en haut*), des puits pétroliers au Texas (*en bas*).

# 7. L'ÉNERGIE  III  De nouvelles sources

Le monde d'aujourd'hui est un écosystème artificiel, dont la survie dépend de sources d'énergie contrôlables et utilisables. Si les tubes des puits pétroliers ne rencontrent plus les gisements d'hydrocarbures situés dans d'immenses poches souterraines, si les réserves de charbon s'épuisent et de même l'uranium qui produit l'énergie dans les centrales nucléaires, le monde retournera quatre siècles en arrière, car cette énergie produite artificiellement tient en vie l'humanité entière. Une humanité dont la population s'élève dorénavant à près de six milliards d'individus, et qui devrait continuer à croître jusqu'au milieu du XXI$^e$ siècle.

**Des énergies alternatives**

La croissance rapide de la population planétaire et, parallèlement, la diminution des sources d'énergie exploitables, sont en train de mettre notre société devant un grand déficit énergétique. L'approvisionnement en énergie indépendante de la radiation solaire (combustibles fossiles et matériaux radioactifs) n'est pas éternel. La recherche scientifique essaie donc d'exploiter des sources alternatives et « renouvelables » qui ne seraient pas sujettes à épuisement.

La plus commune est l'énergie gravitationnelle de l'eau que l'homme a appris à exploiter, d'abord avec les moulins à eau, ensuite au moyen des centrales hydroélectriques qui utilisent la masse d'eau enfermée dans les bassins pour faire tourner des turbines qui actionnent des générateurs.

Une autre source renouvelable est la géothermie qui exploite les flux de chaleur qui s'échappent de la croûte terrestre par la décroissance radioactive. Quand cette chaleur sort à la surface pour se disperser dans l'espace, elle est très diluée et peu exploitable. Dans le sous-sol cependant, elle est en mesure de transformer en vapeur des poches d'eau retenues par des roches imperméables. En perforant ces poches, on obtient de la vapeur utilisable pour faire fonctionner des turbines électriques.

Le vent représente également un réservoir énergétique que l'homme a utilisé pendant des millénaires pour naviguer et pour faire marcher des mécanismes à l'aide de moulins à vent. L'énergie d'une rafale de vent représente l'équivalent d'un kilowattheure, un orage ordinaire en produirait un million, un ouragan des milliards. Pour transformer ce potentiel énergétique en courant électrique, on a recours aux éoliennes, qui peuvent produire quelques mégawatts stockables dans des batteries.

L'énergie renouvelable par excellence est la radiation solaire, que l'on peut utiliser directement par fixation de la chaleur (séchoirs, usines de dessalement, capteurs chauffant de l'eau) ou par conversion en énergie électrique au moyen de cellules photovoltaïques au silicium.

**Les perspectives immédiates**

Actuellement, la communauté scientifique mise essentiellement sur le développement de la fusion nucléaire. Ce procédé, différent de la fission actuellement mise en pratique, représenterait beaucoup moins de risques et aurait moins de conséquences à long terme.

La matière première fondamentale nécessaire pour cette fusion est le deutérium (un isotope de l'hydrogène dont le noyau contient, en plus d'un proton, un neutron) qui, combiné avec l'oxygène, forme des molécules d'« eau lourde » présente dans la nature dans la proportion de 30 grammes par mètre cube d'eau. La masse des océans de la planète représenterait donc un réservoir de 300 millions de milliards de kilowattheures : la réalisation de la fusion nucléaire permettrait d'obtenir de l'énergie propre en abondance et à faible coût, pour une durée illimitée.

Centrale marémotrice

Centrale solaire

Centrale hydroélectrique

Centrale nucléaire

Centrale à charbon

Ferme éolienne

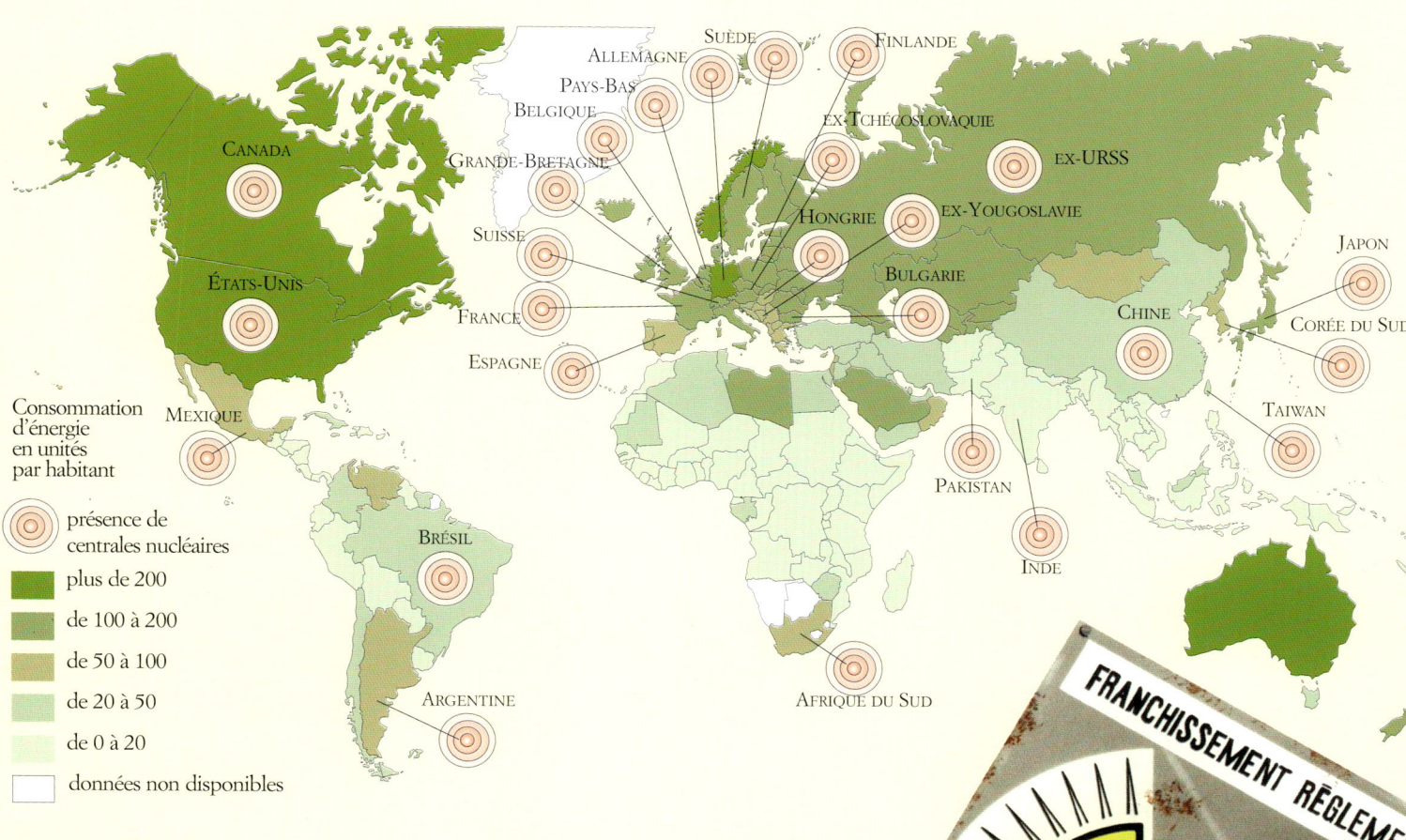

Consommation d'énergie en unités par habitant
- ⊚ présence de centrales nucléaires
- plus de 200
- de 100 à 200
- de 50 à 100
- de 20 à 50
- de 0 à 20
- données non disponibles

## L'ÉNERGIE NUCLÉAIRE

On nomme « énergie nucléaire » cette forme d'énergie qui se manifeste durant les transformations du noyau atomique. On utilise à des fins pratiques la fission (fracture de noyaux lourds) et la fusion (union de noyaux légers).

Actuellement, pour la production d'énergie électrique, nous sommes en mesure d'utiliser l'énergie thermique produite par la fission de quelques isotopes d'éléments chimiques lourds – l'Uranium-235, le Plutonium-239 et l'Uranium-233 – que l'on obtient dans les réacteurs nucléaires.

Un objectif prioritaire de la recherche nucléaire contemporaine cependant est le contrôle de l'énergie qui se libère par la fusion de noyaux légers ; cette réaction est réalisée aujourd'hui seulement sous forme explosive dans la bombe thermonucléaire (bombe H).

L'exploitation de l'énergie nucléaire pour la production d'énergie électrique a commencé en 1954 et s'est développée rapidement. Mais plus récemment, de nombreux incidents graves provoqués par des pannes dans des centrales nucléaires un peu partout dans le monde – le plus remarquable et le plus lourd de conséquences a été celui de Tchernobyl en 1986 – ont incité à plus de prudence dans ce domaine. Plusieurs pays, comme l'Italie, ont suspendu tous leurs programmes dans le domaine de l'énergie nucléaire.

Les centrales électronucléaires fonctionnent en substance comme une centrale thermoélectrique, mais la vapeur qui fait tourner les turbines est obtenue par la chaleur de la fission nucléaire, contrôlée dans un réacteur. Le procédé le plus diffusé est celui qui utilise l'eau, soit pour contrôler les processus de fission à l'intérieur du réacteur, soit pour son refroidissement.

L'eau circule à une température d'environ 300 °C dans le circuit de refroidissement, sous forme de vapeur à haute pression qui peut être utilisée pour actionner directement les turbines des générateurs de courant (réacteurs à eau sous pression) ou pour chauffer l'eau d'un circuit séparé (réacteurs à eau bouillante), moyennant un système d'échangeurs de chaleur.

La meilleure efficience des centrales électronucléaires et l'absence d'émission dans l'atmosphère rendent théoriquement ce type d'implantation préférable aux centrales thermoélectriques. Il existe cependant des problèmes fondamentaux qui en limitent beaucoup l'intérêt, comme l'extrême risque d'incidents et la production de déchets radioactifs.

En fait, quand le matériau fissible utilisé pour alimenter les réacteurs est jugé « épuisé » pour la production énergétique, il est encore suffisamment actif pour provoquer une forte pollution de radiation ionisante.

Les solutions adoptées jusqu'à présent pour l'évacuation de ces déchets se sont révélées assez précaires et d'un haut risque pour l'environnement.

# Glossaire

**abolitionnisme :** mouvement politique né au début du XIXe siècle aux États-Unis et réclamant la suppression de l'esclavage des Noirs. Il constitue l'un des points d'affrontement entre les États du Sud et les États du Nord lors de la guerre de Sécession* (1861-1865).

**acier :** métal obtenu par la fusion du fer auquel on ajoute par alliage des éléments de carbone. L'acier est beaucoup plus résistant que le fer seul, et moins cassant que la fonte.

**afro-américain :** expression qualifiant les populations américaines d'origine africaine, descendant des esclaves déportés depuis l'Afrique, du XVIe au XIXe siècle.

**anthracite :** éléments végétaux datant du Paléozoïque et fossilisés sous la forme de charbon*. L'anthracite est le meilleur des charbons. Il contient 93 à 95 % de carbone et brûle avec une flamme courte et très chaude, sans laisser beaucoup de résidus ou cendres.

**apatride :** se dit d'une personne qui ne relève d'aucune citoyenneté, qui n'a pas de patrie. Dans les pays modernes, les apatrides bénéficient des droits accordés aux étrangers.

**aryen :** qui se rapporte aux origines indo-européennes. Vers 1920, le national-socialisme (ou nazisme) a fondé une partie de son idéologie sur le développement d'une prétendue « race aryenne » qui devait protéger sa pureté par rapport aux influences d'autres races.

**Bauhaus :** école d'art et d'architecture fondée en 1919 par Walter Gropius à Weimar (Allemagne) et transférée à Dessau en 1925. Son programme tend à lier les projets architecturaux aux produits de l'industrie, faisant éclater la barrière traditionnelle existant entre l'artiste et l'artisan. Ce mouvement fut combattu et supprimé par les nazis en 1933, mais il n'a pas cessé d'influencer l'architecture, le bâtiment et le mobilier.

**bison :** bovidé typique des grandes plaines. Il se caractérise par une forte bosse à la base du cou. Le bison était un gibier recherché par les Indiens d'Amérique, qui le chassaient pour la viande, pour la corne et pour la peau. Les bisons vivaient en troupeaux gigantesques dans les étendues herbeuses du centre des États-Unis mais furent décimés par les colons européens. Le bison est maintenant un animal protégé. Il vit dans les parcs naturels et les réserves. À la fin du XXe siècle, l'élevage du bison commence à se développer en Europe.

**Boers :** descendants des colons hollandais qui se sont installés dans le sud de l'Afrique au XVIIe et au XVIIIe siècle, à proximité du cap de Bonne Espérance. Vers 1830, les Anglais cherchent à s'installer dans ces mêmes régions. De nombreux antagonismes éclatent avec les Boers qui se réfugient vers l'intérieur des terres, où ils créent deux États indépendants, l'Orange et le Transvaal. Lorsque des gisements aurifères très importants sont découverts sur ces territoires, une guerre éclate entre les Boers et les Anglais (1899-1902) qui en sortent victorieux.

**bourgeoisie :** au Moyen Âge, ce mot désignait simplement les habitants des villes (ou bourgs, qui a donné le mot bourgeois). Peu à peu, on appellera bourgeois ceux qui ne sont ni nobles, ni paysans, ni ouvriers, et qui vivent du commerce, de la finance ou de l'industrie. Ils constituent souvent de gigantesques fortunes et deviennent d'importants propriétaires terriens. La bourgeoisie désigne aussi une forme de vie, orientée sur la recherche du confort et l'acquisition de biens matériels.

**bourse :** institution créée au XVIe siècle pour simplifier les échanges commerciaux internationaux. À l'origine, c'est un simple lieu de négociation.

**capitalisme :** système économique qui se caractérise par la propriété privée des outils de production. Sur ce point, le capitalisme s'oppose au « socialisme* » ou au « communisme* ».

**caoutchouc :** dénomination générale pour divers types de gommes naturelles, en particulier celle produite par la coagulation du latex extrait de l'arbre appelé *Hevea brasiliensis*.

**charbon :** matière minérale issue de végétaux fossiles. Le charbon est le produit d'une lente transformation des gigantesques amas de végétaux qui se sont constitués à l'ère primaire de l'histoire de la Terre.

**Cloaca Maxima :** importante canalisation souterraine construite dans la Rome antique pour recueillir les eaux usées et les détritus de la ville afin de les rejeter dans le Tibre. Ce gigantesque égout a été construit par les Étrusques au VIe siècle avant J.-C. et reconstruit cinq cents ans plus tard.

**Commonwealth :** association d'États souverains et indépendants, ayant eu le statut de colonie ou de possession anglaise. Il a été mis en œuvre en 1931 pour institutionaliser une coopération politique, sociale et économique.

**communisme :** doctrine ou système politico-social fondé sur le principe de l'égalité absolue et de la suppression de la propriété privée des moyens de production. Il s'oppose au capitalisme*.

**conurbation :** se dit de plusieurs villes voisines qui ont atteint un développement géographique tel qu'elles se touchent et forment une gigantesque agglomération (en France par exemple, Lille-Roubaix-Tourcoing).

**corporatisme :** système économique et syndical réalisé en Italie durant la période fasciste, où le rôle économique de l'État était prédominant. La liberté syndicale fut supprimée, et les syndicats* se trouvèrent intégrés dans des corporations, elles-mêmes soumises à l'administration centrale.

**dépression :** en économie, ce terme est pratiquement synonyme de « récession* » et sert à désigner la phase descendante d'un cycle économique. Elle se traduit par une stagnation des affaires, une diminution des investissements, un accroissement des faillites et un taux de chômage élevé.

**écosystème :** ensemble formé par tous les êtres vivants (animaux et végétaux) dans un environnement donné. Un écosystème se caractérise par l'équilibre naturel qui se crée entre tous les éléments le constituant.

**électrochimie :** secteur de la physique et de la chimie qui étudie et exploite les processus de transformation de l'énergie électrique en énergie chimique, et vice-versa.

**électrode :** élément conducteur relié à un circuit électrique et permettant de faire passer le courant électrique vers une autre masse équivalente.

**électromagnétisme :** des relations s'établissent entre les phénomènes électriques et les phénomènes magnétiques. On observe des effets magnétiques dans un circuit électrique, et des effets électriques dans un champ magnétique.

**émancipation :** action qui consiste à s'affranchir d'une sujétion matérielle ou morale. L'émancipation des Noirs, par exemple, correspond à l'abolition* de l'esclavage. L'émancipation des femmes aboutit à donner à celles-ci des droits identiques à ceux des hommes.

**éolien :** qui concerne le vent. On parle d'érosion éolienne ou de dépôt éolien (matériaux sablonneux transportés et accumulés par le vent).

**ethnique :** se rapporte à la race ou aux caractères propres d'un peuple.

**évolution (théorie de l') :** théorie formulée par plusieurs scientifiques du XIXe siècle, et notamment par Charles Darwin. Selon cette théorie, tous les êtres vivants sont la résultante d'une évolution issue de la toute première cellule. Le darwinisme repose sur l'idée de sélection* naturelle conçue comme une loi fondamentale de la vie.

**exposition universelle :** grande foire internationale destinée à montrer les avancées des sciences et techniques. Au XIXe siècle, les expositions universelles sont l'occasion de mettre en œuvre de grandes constructions, telles que la tour conçue par l'ingénieur Gustave Eiffel et réalisée en 1889 pour l'Exposition universelle de Paris célébrant le centenaire de la Révolution française.

**Far West :** au XIXe siècle, on appela ainsi les terres situées à l'ouest des États-Unis et qui restaient ouvertes à la colonisation.

**fibre optique :** élément cylindrique constitué de verre, transparent, flexible, utilisé pour guider les faisceaux lumineux et pour transmettre les signaux optiques. Les fibres optiques à haute densité ont un fort pouvoir de transmission et sont de plus en plus utilisées dans les techniques de télécommunication.

**guerre de Sécession :** conflit qui a éclaté aux États-Unis en 1861, après l'élection d'Abraham Lincoln, à propos de la décision d'abolir* l'esclavage. Elle a opposé les 24 États anti-esclavagistes du Nord (l'Union) et les 11 États du Sud (la Confédération) favorables au maintien de l'esclavage pour des raisons économiques. La guerre, longue et meurtrière, s'est terminée par la victoire de l'Union en 1865 et l'écroulement de l'économie des États du Sud.

**Guerre froide :** durant les années qui ont suivi la Seconde Guerre mondiale, deux camps se sont formés : les alliés des États-Unis regroupés dans l'OTAN, et les pays du pacte de Varsovie, autour de l'URSS. La Guerre froide fut une période de tensions politiques, de provocations, d'hostilités contenues et parfois de conflits réels (guerre du Vietnam par exemple) qui ne se déclenchèrent jamais sur le territoire des protagonistes. L'un des épisodes les plus marquants fut le partage de l'Allemagne, dont les deux parties étaient séparées par une frontière infranchissable, communément appelée « rideau de fer ».

**hydrocarbures :** éléments minéraux constitués de carbone et d'hydrogène, dont les plus connus sont les dérivés du pétrole.

**impérialisme :** tendance qu'exprime un État à dominer d'autres pays, et se traduisant par l'expansion territoriale et/ou économique.

**inflation :** phénomène économique durant lequel la masse monétaire augmente dans une proportion telle qu'elle dépasse le développement de la production des biens et services. Elle engendre une forte augmentation des prix.

**isotope :** élément chimique qui a le même numéro atomique qu'un autre mais dont le noyau ne comporte pas le même nombre de neutrons. L'isotope se distingue par une masse différente.

**libre-échange :** doctrine et politique économique qui s'oppose au protectionnisme*, en défendant la libre circulation des biens et des services entre les pays.

**lin** (*Linum usitatissimum*) : plante originaire de l'Égypte et de l'Asie mineure, aujourd'hui cultivée dans de nombreuses régions du monde. On fabrique des fibres textiles à partir de ses tiges, et ses graines fournissent de l'huile lorsqu'on les écrase.

**mérinos :** race de moutons originaire d'Afrique, d'abord importée en Espagne, puis élevée maintenant dans le monde entier. Le mouton mérinos est particulièrement apprécié parce qu'il fournit une laine longue et fine.

**monoculture :** exploitation du sol avec une culture unique (riz, café, coton, etc.).

**mur de Berlin :** construit en 1961 pour séparer les secteurs de Berlin-Ouest, occupé par les forces de l'OTAN d'une part, et de Berlin-Est d'autre part, occupé par les troupes du pacte de Varsovie. Berlin était auparavant la capitale de l'Allemagne et cette séparation de la ville en deux zones totalement distinctes fut l'un des effets marquant de la Guerre froide*. La réunion des deux Allemagnes en 1989, et la destruction du mur de Berlin, ont symboliquement marqué la fin de la Guerre froide.

**nationalisation :** appropriation par l'État d'une entreprise privée ou d'un secteur économique. Les nationalisations sont décidées par des gouvernements qui considèrent que certains secteurs économiques d'intérêt général ne peuvent être soumis à l'économie de marché et doivent être gérés par l'État. Il s'agit le plus souvent des transports ferroviaires, des télécommunications, de la poste, des banques, des assurances, de la production d'énergie, etc.

**New Deal :** ensemble des mesures sociales et politiques adoptées par le gouvernement des États-Unis sur la base du programme législatif (1933-1934) formulé par le président Franklin Delano Roosevelt. Ce programme avait pour but de lutter contre la crise économique (ou « grande dépression ») qui s'était déclenchée en 1929. Le New Deal s'est traduit par : l'augmentation des salaires, la création de services sociaux destinés aux chômeurs et aux personnes âgées, une garantie pour les prix de vente des produits agricoles, la mise en œuvre de grands travaux publics (barrages, routes).

**planification :** programme politico-économique d'un État déterminant les objectifs à atteindre dans des secteurs économiques définis et dans une période précise. L'URSS a par exemple développé des plans quinquennaux (sur cinq ans).

**prolétariat :** terme définissant les travailleurs, ouvriers ou agriculteurs, qui ne sont pas propriétaires de leur outil de travail. Ils n'ont donc que leur force de travail à vendre à ceux qui détiennent les capitaux.

**protectionnisme :** l'État tend à développer ou à encourager certains secteurs économiques du pays en entravant la libre circulation de produits équivalents venant de l'étranger. Le protectionnisme se traduit le plus souvent par des taxes douanières très élevées.

**purification ethnique :** euphémisme utilisé par quelques dirigeants qui persécutent ou s'efforcent d'exterminer certains types de populations, dans le but de donner à un pays ou une région une composition ethnique homogène.

**radioactivité :** propriété des noyaux de certains éléments atomiques d'émettre naturellement des radiations.

**récession :** phase temporaire de dépression* économique, due à des phénomènes conjoncturels.

**révolution industrielle :** mouvement de grande ampleur durant lequel la fabrication manufacturée est passée à la production de masse par la mise en place d'industries. Elle a eu lieu dans différents pays de l'Occident à partir de la seconde moitié du XVIII$^e$ siècle. À la base se trouve l'introduction dans le processus de production des machines marchant à l'énergie hydraulique ou à la vapeur.

**Second Empire :** forme de gouvernement instauré en 1852 par Napoléon III en France. Ce régime dura jusqu'en 1870 et s'écroula avec la défaite de la France dans la guerre qui l'opposa à la Prusse (bataille de Sedan).

**sélection naturelle :** sélection opérée par différents facteurs naturels au cours de laquelle les individus d'une population animale ou végétale disparaissent ou se maintiennent en vie en fonction de leurs capacités de résistance et d'adaptation.

**sidérurgie :** métallurgie spécialisée dans la production et la transformation du fer.

**socialisme :** doctrine socio-politique basée sur la socialisation des facteurs de production et sur le contrôle (total ou partiel) par l'État des secteurs économiques.

**surproduction :** la production et l'offre des produits mis sur le marché sont excédentaires par rapport à la consommation et à la demande.

**syndicat :** groupement de travailleurs ou de propriétaires des outils de travail, ayant pour but de défendre les intérêts de la catégorie de personnes concernées. Le droit de se syndiquer a été l'une des grandes conquêtes sociales du monde ouvrier au cours du XIX$^e$ siècle (1884 en France).

**tertiaire (secteur) :** on désigne ainsi le secteur économique qui regroupe les services (commerce, transport, communication, banques, etc.).

**victorien :** on appelle « époque victorienne » la période de l'histoire de l'Angleterre durant laquelle la reine Victoria était au pouvoir (1819-1901). Cette époque fut caractérisée par une importante évolution politique et sociale, et par la mise en place de l'empire colonial britannique.

**vulcanisation :** procédé qui donne à la gomme naturelle de caoutchouc* ses propriétés élastiques.

# Index

## A

Abolitionnisme, 14, 16
Acier, 9, 22
Administration publique, 22
Aéronautique, 32
Afrique, 26, 29
Afrique du Nord, 29
Afrique du Sud, 26
Agglomération, 25
Agriculture, 28, 32, 33
Alabama, 12
Algérie (française), 26
Alimentation, 28
Allemagne, Allemands, 8, 12, 24, 26, 28, 30, 34, 35
Alliés, 32
Amérique, 12-18, 22, 23, 29, 32, 39
Amérique du Nord, 12-18, 23, 39
Amérique du Sud, 29
Ampère (André-Marie), 36
Angleterre (cf. Grande-Bretagne)
Anthracite, 8
Architecture, 24, 25
Arkansas, 12, 16
Armes, 30
Arrondissements de Paris, 20
Asie, 29
Asie du sud-est, 29
Atlantique (océan), 18
Auschwitz, 35
Australie, 29
Automobile, 23, 32
Autoritarisme, 32
Autriche, 30

## B

Banques, 32
Barcelone, 21
Barricades, 20
Bauhaus, 24
Bec de gaz, 23
Bedworth, 9
Belgique, 32
Berlin (conférence de), 26
Berlin (mur de), 29
Bessemer (Henry), 22
Birmingham, 10
Bisons, 16, 17
Blocs monétaires, 32
Blutcher, 18
Bœrs, 26
Bois, 17
Bois de Boulogne, 20
Bois de Vincennes, 20
Bolcheviks, 33
Bombe thermonucléaire, 41
Boston, 20
Boulevards, 20
Bourgeoisie, 8, 23
Bourse, 32
Brooklyn (pont de), 24
Buffalo, 16

## C

Câble téléphonique, 25, 36
Calais, 18
Californie, 16
Campagnes, 9, 11
Camp Grant, 17
Canada, 29
Caoutchouc, 9
Cap (Le), 26
Capitalisme, 9, 17, 27, 33
Carburants, 38
Casa Batlló, 21
Castor, 16
Caucase, 33
Cellules photovoltaïques, 40
Centrale électrique, 36,
– hydroélectrique, 33,
– thermoélectrique, 41
Charbon, 8, 10, 36, 39
Chasseurs, 17
Chemin de fer, 9, 12, 17, 18
Chercheurs d'or, 14, 16
Cherokees, 14
Cheyennes, 17
Chicago, 16, 24
Chimie, 9
Chine, Chinois, 27, 28, 34
Chômage, 32, 34
Cinéma (cinématographe), 22
Citoyenneté, 14
Cleveland, 16
Cloaca Maxima, 25
Collines Noires, 17
Colonialisme, 26, 27, 30, 34
Colons, 12, 15, 16
Colt, 13
Commonwealth, 32
Communisme, 29, (de guerre), 33
Concentration (camp de), 35
Congrès (États-Unis), 15
Conquête de l'Ouest, 12-18
Conurbation, 20
Corporatisme, 34
Coton, 15
Cour Suprême (États-Unis), 14
Crise de 1929, 32, 34

## D

Dakota, 17
Darwin, 27
Dawes (plan), 32
Déchets radioactifs, 41
Déforestation, 17
Démocratie, 34
Dépense publique, 33
Detroit, 16
Deutérium, 40
Diamants, 26
Dickens (Charles), 10
Dictature, 34
Dinkeloo (John), 21
Douvres, 18
Dynamo, 36

## E

Eau lourde, 40
Eau potable, 25
Éclairage, 23, 36
Économie de marché, 34
Économique (pensée), 33
Edison (Thomas E.), 36
Égouts, 20, 25
Égypte, 26
Eiffel (Gustave), 20, 24
Einstein, 37
Électricité, 23, 25, 36, 37, 41
Électromagnétique (induction), 36
Émancipation féminine, 31
Émigration, 28, 29
Empire d'Autriche, 28
Empires Centraux, 30
Énergie, 36-41 –
  électrique (cf. aussi électricité), 37, 41 –
  éolienne, 39, 40 –
  hydraulique, 36, 39, 40
Énergies, 36-41
  – primaires, 39
  – renouvelables, 40
Engrais chimiques, 9
Environnement, 20
Esclavage, 14-15, 16, 26
Espace vital, 33
État, 32, 33, 34
États-Unis, 8, 12-18, 26, 28, 29, 30, 32, 34, 35
Éthiopie, 26
Europe, 10, 18, 22, 23, 28, 29, 32, 36, 39
Europe de l'Est, 28, 29
Évolutionnisme, 27
Exode, 29
Exposition Universelle (Paris, 1889), 20, 24
Exposition Universelle (Vienne, 1873), 24
Expropriation, 20

## F

Fachoda, 26
Faraday (Michael), 36
Far West, 12-17
Fascisme, 34
Femmes, 30, 31
Fer, 10
Fermier, 16
Fibres optiques, 25
Floride, 16
Flux migratoires, 12, 28, 29
Fonderie, 17
Forêt, 17
Fortifications, 20
Fort Wayne (traité de), 15
France, Français, 8, 30, 32
Front (de guerre), 31
Frontière, 12, 16, 17

## G

Gaudí (Antonio), 21
Gaz d'éclairage, 9, 20, 23, 25
Gaz naturel, 39
Générateur, 36
Génocide, 17
Georgie, 14
Géothermie, 40
Glasgow, 10
Gramme (Zénobe), 36
Grande-Bretagne, Britanniques, 8, 9, 10, 15, 18, 22, 26, 27, 28, 30
Grande Dépression, 32, 34
Grande Guerre : cf. Guerre mondiale (Première)
Grandes Plaines, 16
Grands Lacs, 16
Gratte-ciel, 20, 21, 24
Gropius (Walter), 24
Guerre d'Indépendance américaine, 12 – de Sécession, 12, 14, 16, 17 – des Bœrs, 26 – du Golfe, 39
Guerres coloniales, 26, 27,
  – indiennes, 15
Guerres mondiales, 30, 35,
  – (Première), 26, 30, 31, 32, 33, 38
  – (Seconde), 29, 34, 35, 38

## H

Habsbourgs, 28
Hardy (Thomas), 10
Hausmann (Eugène), 20, 22
Henry (Joseph), 36
Hiroshima, 35
Hitler (Adolf), 33
Hokkaido, 28
Hollande, 26
*Homestead Act*, 16
Houille, 8, 18
Hydrocarbures, 38
Hydrogène, 40

## I

Immigration, 28, 29
Immobilier, 20
Inde, 34
*Indian Removal Act*, 15
Indiens, 14, 15, 16, 17
Industrie des loisirs, 22,
– du spectacle, 22,
– textile, 9, 10
Industrie, industrialisation, 8, 16, 17, 28, 33
Innovation technologique, 9
Interventionnisme d'État, 32
Inventions, 37
Investissements, 9
Iowa, 12, 13
Irak, 39
Irlande, Irlandais, 12, 28
Italie, 30, 34, 35, 36, 41

## J

Jackson, 14, 15
Japon, 28, 35, 39
Jardins, 25
Juifs, 29

## K

Kansas, 12
Keynes (John M.), 33, 34

## L

Laine, 10
Lampe à incandescence, 36
*Land Acts*, 12
Le Corbusier, 24
Lénine, 33
Liberia, 26
Libre-échange, 34
Lincoln (Abraham), 16
Liverpool, 10
Livre sterling, 32
Locomotive, 9, 18
Logements, 25
Lois sanitaires, 20
Londres, 9, 10, 23, 24
Louisiane, 12
Lubrifiants, 38

## M

Magasins, 23
Magnétique (champ), 36
Main-d'œuvre, 28, 29
Maine, 14
Manchester, 10
Mandchourie, 28
Mao Zedung, 34
Marché (économie de), 33
Marseille, 28
Marshall (plan), 35
Massachusetts, 14
Mérinos (mouton), 10
Métro (métropolitain), 24, 25
Métropole, 10, 20, 25
Michigan, 12
Midlands, 9
Milan, 36
Mine, 8
Minnesota, 12
Minorités, 28
Mississippi, 12, 15
Missouri, 12, 16
Moissonneuse, 9
Morse (alphabet), 18
Morse (Samuel), 18
Mortalité, 20, 28
Moteur électrique, 36
Moutons, 10
Moyen-Orient, 29

## N

*National Industrial Recovery Act*, 34
National-socialisme (nazisme), 29, 33, 34
Nebraska, 12
NEP, 33
New Deal, 34
New-Hampshire, 14
New York, 17, 18, 21, 24, 32, 36
Nez-Percés, 17
Nicolas II, 33
Noirs, 14, 15, 16, 26
Nord (États du), 12, 14
Nouvelle-Angleterre, 14
Noyau atomique, 37
Nucléaire, 37, 39, 40, 41

## O

Octroi, 20
Or, 14, 16, 17, 26, 32
Oregon, 16
Ouvriers, 8, 10, 16, 23, 28
Oxygène, 40

## P

Pacifique (océan), 16, 18, 35
Pacifisme, 32
Pacinotti (anneau de), 36
Pacinotti (Antonio), 36
Palestine, Palestiniens, 29
Parcs publics, 20, 25
Paris, 20, 22, 25
Paysans, 9, 20, 28
Pays-Bas, 8, 9, 32
Peaux rouges, 14
Pennsylvanie, 38
Périphérie, 20, 23
Pétrograd, 33
Pétrole, 37, 38, 39
Peuples « primitifs », 27
Piccadilly Circus, 23
Pile électrique, 36
Plan d'urbanisme, 20
Planification économique, 32, 33, 34
Plutonium, 41
Pneumatique (poste), 25
Pollution, 25, 41
Population, 28, 29
Portugal, 32
Poste pneumatique, 25
Préfet (de la Seine), 20, 22
*Proclamation Line*, 15
Prolétariat (dictature du), 33
Publicité, 23
Purification ethnique, 35

## Q

Quartiers dortoirs, 23
Quartiers urbains, 20, 23, 25

## R

Race aryenne, 33
Racisme, 14, 27, 33
Radiation ionisante, 41
Radiation solaire, 40
Récession, 32
Réfugiés, 29
Relativité, 37
Réserves (indiennes), 17
Révolution agricole, 9,
– d'Octobre, 33,
– française, 8,
– industrielle, 8-11, 20, 28, 37, 38,
– russe, 33,
– urbaine, 20
Rhode Island, 14
Roche (Kevin), 21
Rocket (locomotive), 9
Roosevelt (F.-D.), 34
Routes (réseau routier), 22
Ruhr, 10
Russie, 28, 30, 33

## S

Saloon, 13
Sand Creek, 17
San Francisco, 18
Scandinavie, 32
Sciences, 9
Second Empire, 20, 22
Ségrégation raciale, 14
Sentier des larmes, 14
Shérif, 13
Siemens, 36
Sioux, 17
Sociaux-démocrates, 33
Soudan, 26
Sous-sol, 25
Spéculation, 34
Staline, 33
Stephenson (George), 9, 18
Sucre de betterave, 9
Sud (États du), 12, 14, 15
Suez (canal de), 26
Suisse, 32
Super puissances, 35
Surproduction, 33

## T

Tchernobyl, 41
Télécommunications, 25
Télégraphe, 18, 36
Téléphone, 25
Télévision, 22
Tertiaire (secteur), 25
Texas, 39
Tour Eiffel, 20, 24
Transports publics, 20
Travaux (grands), 33
Trevithick (Richard), 9
Triple Entente, 30
Tsar, 33
Turbine, 41
Turner (Frederic J.), 12
Turquie, 30

## U

Uranium, 37, 41
Urbanisation, 16, 20, 21, 22, 23
Urbanisme, 11, 20-25
URSS, 33, 34, 35, 39

## V

Van der Rohe (Mies), 24
Vapeur (machine à), 8, 9
Véhicules, 25
Vermont, 14
Ville champignon, 13, 16
Villes, 11, 17, 20, 21, 22, 24, 28
Volta (Alessandro), 36, 37
Von Liebig (Justus), 9

## W

Washington, 20
Washita, 17
Watt (James), 8
Wisconsin, 12

## Y

Yellowstone (parc de), 17

## Sources iconographiques
le numéro entre parenthèses renvoie à la page

**(8-9)** *Usine textile en Angleterre* : dessin de D. Spedaliere, d'après une illustration d'époque ; *locomotive* : dessin de R. Simoni.
**(10)** *Cartes* de R. Simoni.
**(10-11)** *Paysage rural en Angleterre* : dessin de A. Baldanzi ; *rue dans une ville anglaise* : dessin de D. Spedaliere.
**(11)** *Moutons mérinos* : dessin de I. Stalio.
**(12-13)** *Ruée vers l'Ouest* : dessin de A. Baldanzi ; *carte* de R. Simoni.
**(13)** *Publicité pour le Colt* : dessin de R. Rea ; *Ville-champignon* : dessin de A. Baldanzi.
**(14)** *Récolte du coton* : dessin de A. Baldanzi.
**(14-15)** *Camp indien* : dessin de A. Baldanzi.
**(15)** *Carte* de A. Tucci.
**(16)** *Fonderie à New York* : photo Scala.
**(17)** *Transport fluvial du bois* : dessin de A. Baldanzi ; *carte* de A. Tucci.
**(18)** *Cartes* de R. Simoni ; *nœud ferroviaire* : photo G. Boutin / Explorer / Overseas.
**(19)** *Illustration* de R. Simoni.
**(20)** *Plan de Paris* : dessin de R. Simoni ; *la tour Eiffel en construction* : photo Explorer Archives / Overseas.
**(21)** *Construction d'un gratte-ciel* : dessin de D. Spedaliere ; *casa Batlló* et *gratte-ciel de la place des Nations Unies* : photo C. Gavinelli ; *cartes* de R. Simoni.
**(22-23)** *Affiches* : photo London Transport Museum.
**(24)** *Affiche* : photo London Transport Museum.
**(24-25)** *Vue en coupe du métro* : dessin de D. Spedaliere.
**(26)** *Illustration* de A. Baldanzi ; *carte* de R. Simoni.
**(27)** *Planisphère* de A. Baldanzi.
**(28-29)** *Illustrations* et *planisphères* de A. Baldanzi.
**(30-31)** *Usine d'armement* : dessin de D. Spedaliere ; *tranchée* et *travail féminin dans les campagnes et dans les usines* : dessins de A. Baldanzi.
**(32)** *Enfants jouant avec des briques de billets de banque* : photo Archiv für Kunst und Geschichte ; *planisphère* de A. Baldanzi.
**(33)** *Construction d'une centrale hydroélectrique dans le Caucase* : photo Scala ; *carte* de R. Simoni.
**(34-35)** *Auschwitz* : dessin de A. Baldanzi ; *projet de rampe de lancement pour missiles* : avec l'aimable autorisation de Taisei Corporation, Tokyo.
**(36)** *Lampe à hydrogène* : photo Institut et Musée d'Histoire des sciences de Florence.
**(37)** *Planisphère* de A. Baldanzi.
**(38)** *Plate-forme pétrolière* : dessin de D. Spedaliere ; *puits de pétrole au Texas* : dessin de R. Simoni.
**(39)** *Puits de pétrole en feu en Irak* : dessin de R. Simoni ; *planisphère* de A. Baldanzi.
**(40-41)** *Centrales énergétiques* : dessins de D. Spedaliere ; *planisphère* de A. Baldanzi ; *affiche* : dessin de R. Simoni.

Achevé d'imprimer par Canale, Italie.
Dépôt légal : octobre 1998.